赢在创新

中小企业技术创新手册

李云祥　夏　申◎编　著

上海财经大学出版社

图书在版编目(CIP)数据

赢在创新:中小企业技术创新手册/李云祥,夏申编著. 一上海:上海财经大学出版社,2019.6

ISBN 978-7-5642-3134-7/F·3134

Ⅰ.①赢… Ⅱ.①李… ②夏… Ⅲ.①中小企业-技术革新-手册 Ⅳ.①F276.3—62

中国版本图书馆 CIP 数据核字(2018)第 235102 号

□ 责任编辑　黄　荟

□ 封面设计　贺加贝

赢在创新

中小企业技术创新手册

李云祥　夏　申　编著

上海财经大学出版社出版发行

(上海市中山北一路 369 号　邮编 200083)

网　　址:http://www.sufep.com

电子邮箱:webmaster@sufep.com

全国新华书店经销

江苏凤凰数码印务有限公司印刷装订

2019 年 6 月第 1 版　2019 年 10 月第 2 次印刷

787mm×1092mm　1/32　7.75 印张　142 千字

定价:35.00 元

序

唯创新者胜

新时代的发展，为中国企业标定了一条生存基线——唯创新者进，唯创新者强，唯创新者胜。

这本小册子聚焦于中小微企业如何创新打赢，是一本专讲技术创新实务的操作性手册，可塞进衣兜，随时参阅。其特点是：

● 注重实战性，吸收集成了当今企业创新实践的最新经验。简明扼要，直奔主题，篇幅虽小，满是干货，蕴含并体现了企业创新的战略思想和意图。

● 突出时间轴线，按照项目周期的时间顺序，分阶段展现技术创新的全过程。帮助企业决策者了解并掌控创新活动的主线流程、关键节点和实现路径，连贯有效地实施创新流程，将质量管理、风险管理和成本管理贯穿始终。

● 瞄准中小微企业的企业家和管理者，包括企业的技术主管、研发团队负责人、新创业者和科技创客，专门为千千万万的创新型小公司量身定制。

打个比喻，这本手册如同一枚指南针，帮助创新者发现并判定自己所处的方位，厘清来路去向；它又像一把取胜之钥，助你勇闯难关，让创新活动结出更丰硕的果实。

2017 年 4 月，联合国的一项决议指出，要重点关注小型企业在实现可持续发展目标，特别是在促进创新、创意和创造就业方面的重要性。小企业对发达国家创新经济贡献良多，对新兴经济体和发展中国家的作用更大。目前中国约有 3 000 万家中小微企业，占企业总数的 99%以上，贡献税收 50%以上、GDP 60%以上，贡献技术创新、吸纳城镇人口就业达 80%以上。

小型企业的创新活动风生水起、特色鲜明，在创新过程中常常面临着特殊的挑战。以往学术界对这类创新活动研究甚少，笔者锁定小企业的创新问题，意在弥补这一缺陷。

管理大师德鲁克指出，创新是组织的一项基本功能，是有规律可循的实务工作。从众多中小企业的创新实践来看，它们具有内在的潜力和动能，能够成功地从事创新活动。大多数技术创新主要为市场目标所驱动，以满足不断变化的客户需求并保持竞争力。公司组织结构和企业文化的革新，则是驱动其技术创新的第二大因素。

本书属于操作手册，并不多讲案例。小企业研发案例较少，即便有，也是过去的故事，若仿照去做，未必就能成功。真要看小公司如何创新，不妨去读大公司当初的创业故事，看看人家是如何起步、跌倒，爬起来再干，一路闯过来的。创新本质上是一门践行的科学，有过几次创新经验的企业，其成功率会逐步提高。

一个企业，要突破发展的“瓶颈”，根本出路就在于创新，打败对手尚在其次，更重要的是与明天竞争。企业是技术创新的主体，企业赖之以赢，国家赖之以强，人民生活赖之以好。

如今，中国已是全球第二大经济体、头号制造大国和出口大国，中国企业的创新活动有着广袤肥沃的土壤和得天独厚的条件：

- 政府倡导并支持全国性的创新创业活动。
- 工业体系完整，协作配套能力举世无双。
- 市场巨大，有很多适合小微企业创新耕耘的细分利基市场。
- 数以亿计的有支付能力的中产阶层喜好新奇产品。
- 科技人才众多，素质高，成本低，比较优势无可比拟。

我们特别看好最后一条。中国现有 1.7 亿受过高等教育的劳动力，其中科技人才就有 1 亿，每年新增近 800 万专门人才和 1 000 多万技术技能人才，构成了中国真正的核心比较优势。开掘这些科学家、工程师、高级技工和熟练工匠的人才红利或头脑红利，乃是产业界和科技界的当务之急，重中之重。笔者对中国企业的创新创造抱有极大的信心并深切地期待，盖源于此。

目录

序:唯创新者胜/ 1

第一部分　小企业创新之路

第一章　小企业为什么要创新? / 7
　第一节　创新的动因/ 7
　第二节　创新驱动的重要性/11

第二章　鸡毛也能飞上天/15
　第一节　创新能力缘何而来? /15
　第二节　小企业的创新优势/17
　第三节　创新的约束条件/18

第三章　谁来领导创新? /22
　第一节　企业家:创新的原动力/22
　第二节　创新型领导者的特质/24
　第三节　领导角色及其作用/26

第四节　创新领导者需注意的问题/28

第四章　创新战略选择/30

第一节　小企业创新的特征/30

第二节　要不要创新？/31

第三节　领先创新与跟随创新/34

第四节　产品创新与工艺创新/36

第五节　渐进创新与激进创新/38

第六节　内部创新与外部创新/42

第五章　组建研发团队/52

第一节　构建团队/52

第二节　项目主管/54

第三节　研发骨干/55

第四节　跨职能构成/56

第五节　虚拟团队/58

第六节　高效团队/58

第七节　研发绩效管理/59

第二部分　技术创新流程管理

创新前端:规划

第六章　阶段1:创意构思/69

第一节　向哪些客户了解需求？/70

第二节　深入了解客户需求/72
第三节　吸引客户参与构思/74
第四节　创新前端的必修课/76
第五节　构思新产品/80

第七章　阶段2:项目界定/82
第一节　项目筛选/82
第二节　项目组合/87
第三节　项目平台/89

第八章　阶段3:可行性研究/92
第一节　编制企划案/93
第二节　筹融资/97
第三节　研发预算/101

创新中端:实施

第九章　阶段4:设计研制/107
第一节　原型设计/108
第二节　原型研制/112
第三节　设计优化与创新/113
第四节　并行设计/118
第五节　联合设计/119

第十章　阶段5:测试验证/123
第一节　原型测试:设计验证/124
第二节　试产:工艺验证/127
第三节　试用:客户测试/131
第四节　试销:市场测试/133
第五节　转产评审/133

第十一章　阶段6:新产品发布/137
第一节　发布准备/138
第二节　精益发布策略/139
第三节　发布时机/141

创新末端:发布后管理

第十二章　阶段7:发布后管理/145
第一节　项目总结/145
第二节　自我考评/147
第三节　申报知识产权/150
第四节　参编行业标准/157

第三部分　营销与服务创新

第十三章　营销创新/165
第一节　赢得用户/166
第二节　创造新市场/169

第三节　营销创新策略/179

第十四章　服务创新/187
第一节　服务创新的特性/188
第二节　新服务开发流程/190
第三节　服务开发新利器/194
第四节　研发服务创新/198

第四部分　赢在持续创新

第十五章　持续创新/207
第一节　技术生命周期管理/207
第二节　持续创新策略/211
第三节　新一波科技潮/216

第十六章　组织创新/220
第一节　研发制度设定/220
第二节　创新文化建设/222
第三节　员工参与创新/225
第四节　组织学习机制/228

主要参考文献/233

—·第一部分·—

小企业创新之路

“创新”是当今风靡中国和世界的关键词和热门话题。

在创新驱动发展的国家战略指引下，创新大潮正呼啸而来，以排山倒海之势，席卷着中国神州大地。各行各业的企业，无论规模大小，概莫能外。

小企业为什么要创新？能不能创新？怎样来创新？这些问题牵动着中国数以千万计的中小微企业，也是本书开篇就要探讨的问题。

一、什么是创新？

创新，是指新产品或改良产品所使用的技术、设计、制造、管理和营销活动，也指新的或改良的工艺或设备的第一次商业性应用。

创新，不仅是指新产品或新服务，或有重大改进的产品或服务，而且要成功地将新产品或新服务带入市场。

经合组织(OECD，1992)关于创新的定义如下：技术产品创新是指改进产品性能并施行商业化，从而能向用户提供新的或改进的服务；技术工艺创新是指实施、采用新的或有重大改进的生产或交付方法，它可能涉及设备、人力资源、工作方法或这些组合的变化。

发展中国家的技术创新定义更为宽泛：企业掌握了一种工艺，能够设计和生产出新产品、提供新服务，尽管这些产品和服务对它们的竞争对手、客户或世界来说并不是新的。也就是说，一个企业在一个经济体中引入一个新产品/新工艺，或改进一个现有产品或工艺，而不管它以前是否在别处使用过。

由此看来，创新主要包括产品创新与工艺创新，而且要进入市场，并可延伸到服务创新领域。

二、何谓中小微企业？

按照我国的企业划型标准，中小企业划分为中型、小型和微型三种类型。具体来说，根据企业从业人员、营业收入和资产总额等指标，并结合企业所在行业的特点来划定。

以工业企业为例，从业人员 1 000 人以下或营业收入 4 亿元以下的为中小微型企业。其中，从业人员 300 人以上，且营业收入 2 000 万元以上的为中型企业；从业人员 20 人以上，且营业收入 300 万元以上的为小型企业；从业人员 20 人以下，或营业收入 300 万元以下的为微型企业。

中小微企业在技术创新、创造就业和促进出口等领域卓有贡献，被人们视为现代经济的主体和“引擎”。

摆在您面前的这本手册，专门聚焦于小企业的创新活动，特别是企业家在创新过程中应起的作用。

创新的赢家属于那些有效管理创新流程的企业，我们将引领读者走过创新过程的每一阶段，帮助您把脉和掌控创新成功的每一个重要节点。

如果您是中小微企业的企业家、技术主管、研发经理和研发团队成员，或是热衷于创新创业的“创客”和“极客”，那么，这本书正是为您量身定制的。

第一章

小企业为什么要创新?

第一节　创新的动因

试问,是什么因素驱动小企业从事创新活动?

一、内部创新因素

源于企业内部的创新因素有:

- 技术能力
- 技术教育背景
- 企业家精神
- 自我激励
- 工作经验
- 创新想法

二、外部创新因素

来自企业外部的创新因素有：

- 客户需求
- 市场机会
- 设备/原材料供应商提供的信息
- 机构支持
- 经济激励（优惠政策等）
- 市场竞争

大多数创新型小企业的创新缘由有两个：一是源于内部因素，如自我激励、技术资质、知识经验和企业家的创新理念或点子，即公司自身的技术能力；二是迫于外部因素，如客户要求和市场需求、设备和原材料供应商提供的信息、市场机会以及竞争造成的压力。无论是内部的"技术推动"还是外部的"需求拉动"，均会促成创新的出现。

一个公司开展技术创新活动，必须具备内在的技术能力，包括具有一定的技术资质、积极进取的企业家或管理者、创新的想法和技术熟练的员工。不同规模的中小微企业，包括初创企业、跨行业和跨经济体的企业，都具有尚未实现的创新潜力。这取决于中小微企业具有的独特性质，如灵活性、适应性和接受能力、有效的内部沟通、简单的组织结构和快速的决策机制等。

与此同时，创新产品必须有相应的市场需求，有明确的客户需求或隐含的市场机会。经济全球化和国际竞争的加剧,迫使中小微企业寻求富有想象力的灵活生存方式。面对客户需求和市场的快速变化,它们必须不断改进业务开展的方式,解决生产成本、交货日期、制造技能、生产力和供应商关系等问题。

上述内外因素孰重孰轻,因公司、行业而异,甚至因时而异、因地而异。

发展中国家的中小微企业主要出于竞争、技术变革和客户需求等外部因素进行技术革新,也有部分来自企业内部的自我激励因素。

三、技术与市场耦合

技术能力推动,市场需求拉动,这一推一拉之力,正是创新出现的必要条件。

经济学家经常强调需求侧,认为"需要是发明之母",市场需求才是创新的主要动因。

而科学家们主张科技引领作用,强调原创性的研究和发明要素,往往忽视或贬低市场在创新中的作用。

实际上,这两者是互补的,并不相互排斥。创新是一种技术与市场的耦合互动,犹如车之双轮、鸟之双翼。

一方面,创新要从客户出发,寻找和发现客户的需求,发现新产品或新工艺的潜在市场。只有对围绕某个问题的客户需求有了深入的了解，而且这个问题又是客户希望获得更好的解决方案的问题，创新者才能开发一种新产品或新服务来满足客户的特殊需求。

另一方面，创新也要从技术出发，创新往往涉及新的科技知识，而这些新知识是原创性研发活动的结果。公司基于新技术或新的产品特征开发一种新产品，判断该产品是否能够有效地解决客户的问题，从而使客户愿意以公司可以接受的价格购买该产品。这是高新技术公司常走的创新之路。

开发和设计、试生产以及营销，是技术可能性与市场需求相匹配的过程。这个匹配过程不是一蹴而就的，整个实验性开发和新产品或新工艺的引入是一个持续不断、逐步到位的过程，这种匹配发生在富有想象力的人的心中。

优秀的企业十分注重技术创新与贴近客户相结合，既不完全奉行“客户至上”原则，也不一味追求技术卓越，而是将市场和技术视为两种同等重要的驱动力。

优秀企业家的独特作用就在于，他能够同时慧眼识别技术可行性和市场需求，并愿意依据这种洞察作出大胆的投资决策。

总之，创新要以市场为导向，以科技为根基。创新的“市场约束”和“技术约束”都是很硬的，创新活动必须建立在对特定技术的深入理解和客户最迫切希望解决的问题之上。市场认可度、技术可行性这两者的契合,加上公司实际拥有的开发能力,以及经学习而获得的新开发能力,正是创新成功的奥秘所在。

大量事实表明,为数众多的中小企业成功参与了各行各业的技术创新,且有一定的研发强度和创新程度,特立独行者和脱颖而出者也大有人在。

在先进经济体中,中小企业被誉为“创新的苗圃”。美国的中小企业是创新经济的核心力量,尤其是那些科技型小公司,充满了创新活力。近半个世纪以来,美国50%的技术创新和94%的颠覆性创新均来自新兴的小公司。

以色列是一个自然资源匮乏、国内市场有限的国家,不得不集中开发尖端技术,高科技部门贡献了出口的50%、就业的10%。在特拉维夫和海法,汇集了数千家创业公司,人均创投资本比欧美还要高,其中在纳斯达克上市的公司数目仅次于美国和中国,许多硅谷顶尖产品的关键技术就是在这里开发的。

第二节　创新驱动的重要性

一、公司成长主引擎

强化创新能力现已成为企业成长的首要驱动因

素，取代了以往居于首位的节约成本因素。将创新驱动战略作为转型发展和经营业绩的主引擎，是所有优秀企业的成功秘诀和制胜关键。

向客户提供独特而又超值的新产品，是创新成功并获利的第一动因。据统计，最近 3 年里新产品的销售额平均占到公司销售额的 1/3 弱。新产品的成功率是仿冒、跟风和乏味产品的 5 倍，其市场份额和收益率是后者的 4 倍。在未来 3～5 年内，力争新产品在销售额、利润或成长性方面占有一定比例是所有公司创新活动期许的目标。

一项创新越是成功，新产品在企业总销售额中占据的份额就越大。新产品销售比重的提高，以及企业销售额、投资额和就业人数的增长率，最能反映创新的驱动力和实际成效。

中小企业通常具有创新性，但并不是所有产业部门的所有中小企业都在创新。创新企业的产出增长明显快于非创新企业，这已是不争的事实。

二、竞争力之源

2009 年世界银行报告指出，创新是确保企业的竞争优势和长期的客户忠诚度的重要环节。

一项创新越是独特，客户对新产品越是满意，对公司的忠诚度就越高，企业也越有利可图。公司竞争力的提升几乎都与创新的实现相关。

中小企业经常遇到资本短缺、技术欠佳的问题，产品和工艺创新是其提升竞争能力的必由之路，是一项不可或缺的核心业务流程。通过创新，中小企业能够改进产品质量、降低生产成本、扩大产品范围、替代老旧产品、渗透国际市场，有效地提高自己的竞争力。

创新的终极目的是为企业赢得竞争优势和价值创造。许多中小企业通过创新更具灵活性，成本和价格更有竞争力，进而获得更多的市场份额。从这个意义上来说，创新才能赢，不创新无异于束手待毙。

三、可持续经营

100 多年前，创新概念的提出者熊彼特说过，创新是经济增长和发展的关键因素。他认为，企业家的任务和能力就在于实现生产要素的新组合，这就是创新。经济学家们后来做过不少创新的实证研究，他们将创新作为产业研发投资的起点，或将专利数量作为研发的产出，或将一国研发投入作为 GDP 的百分比，基本上证实了创新与公司成长之间的正相关关系。创新是知识经济中的中小企业可持续发展的一个关键因素。

技术创新不仅刺激企业的增长潜能，而且促进所在行业乃至总体经济的增长。技术创新是知识经济时代的重头戏，是生产力增长的最终来源，是唯一确保经济体持续领先的方式。

具有创新基因和突出能力的中小企业总是能够抓住更多的技术“窗口”和市场机遇。它们可以利用技术生命周期缩短的趋势，抓住新技术出现的第一道曙光，在周期轮替中夺得先机；它们可以借助新产品优势跳出价格大战的“红海”，独步“蓝海”市场；它们可以抓住稍纵即逝的市场突发机会，实行弯道超车后来居上；它们可以从容应对跨界创新者的突袭，冷不防杀他个回马枪；它们也不怵跨国公司登门挑战，甚或主动出击，开辟海外战场。

当然，创新的收益总是与风险相伴而行。

从技术角度来看，创新必须闯五关斩六将，攻克一个又一个的技术堡垒，一旦中途卡壳、半途而废，那么，所有的前期付出就都打了水漂。

从经济角度来看，创新过程很烧钱，创新的努力也不会直接转化为企业绩效和盈利能力。创新收益必须大于创新成本，否则创新不会发生，即便发生了，也行之不远。

“明知山有虎，偏向虎山行。”你得拿出景阳冈上武松打虎的精神，才能让新鲜的、富有创造价值的想法付诸实践，成为企业发展的核心驱动力。

第二章

鸡毛也能飞上天

中小微企业究竟有没有技术创新所需要的能力呢?

答案是肯定的。企业虽小,却有着无穷的创新潜能,即便是一羽鸡毛,也有可能一飞冲天。

第一节　创新能力缘何而来?

创新能力,是指企业对现有技术进行重大改进和创造新技术的能力。创新能力强的企业,可以改进工艺过程、产品技术、生产组织和管理方式,跟上技术变革的浪潮,保持动态的竞争优势。

小企业的创新能力主要来自内部:

- 企业创始人/经理的教育背景和工作经验;
- 员工的熟练程度和专业资质;

● 增强企业技术能力的各种努力，如正式和非正式的研发活动、在职培训、获取技术许可证等。

同时，小企业的创新能力也来自外部：

● 与大学、科研机构、科技园区和孵化器的联系；

● 与科研网络和科研基础设施相邻近的地理优势；

● 科研机构予以支持的性质和程度。

企业的创新能力既内生于组织内部，也来源于组织外部。只有具备一定程度的内部技术能力，才能赢得外部支持；若无外部支持，内生的技术能力也难以发展壮大。企业发展创新能力必须双管齐下，既要练好内功，又要争取外援。

一个企业的创新能力体现在个人、项目、组织和环境各个层面。在个人层面，它涉及员工赋权、信任、参与、在岗培训和工作轮换，以及个人社交网络联系的范围和层级；在项目层面，它涵盖研发团队的成员构成、对话规则和管理方式，以及对新想法的开放性、对项目开发过程的放手程度；在组织层面，它包括高效的运作体系和快速的研发过程；在环境层面，它包括企业的地理位置、行业协会、合作关系和联盟性质、客户和股东参与创新的程度。其实，这些创新所需的能力对任何企业都是公开的“秘密”，就取决于公司如何培育、养成和运作。

第二节　小企业的创新优势

“船小掉头快。”与大公司相比，小企业的灵活性是其一大优势。小企业能更好地适应外部环境，开发新的理念，提供创新环境。

小企业灵动性强，组织结构简单，内部沟通线路短；贴近市场，紧盯竞争对手，与客户关系密切；官僚作风少，老板和员工有干劲，对产品开发和技术变革怀有强烈的兴趣，对创新提案过滤少。这些都是小企业创新文化的基本特征。

成功创新的小公司与其领导层的远见卓识和战略承诺有关，他们积极部署研发工作，善于为公司获取投资和收集信息。

创新成败与否，取决于你是否愿意学习、是否敢于冒险。最具创新精神的小企业具有很强的进取心，愿意承担更大的风险。它们瞄准行业排头兵或标杆企业，对照检视自己的实践和绩效，获得外部的显性和隐性知识。融入产业集群的小企业还可以利用集群网络的有利条件来实现业务创新和卓越的目标。

中小企业的创新能力各不相同，这取决于其所在行业、企业规模、业务重点、资源占有和经营环境。一家企业的做法不一定适合另一家企业，其管理方法也因社会经济文化而异。

企业的所有权性质也会影响创新的绩效。一般来说，个体经营者的表现不如合伙公司或有限公司，个人单打独斗比不上一群业主提供的“资源组合”。

第三节　创新的约束条件

小公司的创新活动面临着技术、资源和信息的约束。由于缺乏专长、资金和信息优势，其开拓创新会遇到重重困难，必须予以正视。但反过来讲，正因为存在着这些约束条件，中小微企业仍有未能实现的巨大创新潜力亟待挖掘和释放。

一、技术约束

一项创新的技术特性，包括复杂性、兼容性、相对优势、可感知的有用性、信息强度和不确定性。前三个特征对创新能否被采用影响最大。

● **复杂性**

复杂性是指人们理解和应用新技术的难度。一项高度复杂的技术包含了许多隐性知识，需要努力地学习、分享和传播，会妨碍创新的采用。如果知识容易共享，人们就乐于采用新技术，提高企业运作的绩效，形成更好的创新能力。一般来说，采用比较容易理解和掌握的新技术，要比需要用户学习新知识和开发新技能的创新更快。

● **兼容性**

兼容性是指新技术与企业现有的价值观、经验和需求相一致的程度。人们更有可能采用与公司积累的知识相匹配的新技术，也更愿意采用与用户现有的技能、设备、工艺和标准相接近的新技术。新技术的采用成本大于其购买成本，它受到其他用户使用该技术的口碑的影响，还受到能否得到训练有素的熟练工人、技术支持和维修服务的影响。

● **相对优势**

相对优势是指一项创新要比原先使用的技术更有优势，企业会采用那些性能和经济收益更好的技术。可感知的优势越大，采用新技术的速度越快。

拥有上述技术能力是小企业加入大公司“合作伙伴网络”的关键因素。大公司越来越依赖于小企业网络系统的组件供应，只有具有高度创新能力的小企业才能跻身大公司的零部件供应商行列。

二、资源约束

企业的规模和年龄是其拥有资源的代名词，对创新采用率有相当的影响。

● **企业规模**

企业规模越大，拥有的各种资源越多，中小企业占有的资源远不如大公司，创新活动的限制也较大。

一般来说，小企业(20 名员工以下)受益于个人的作用，较大的公司(50 名员工以上)则更多地受益于资源和系统，介于两者之间的公司（20～49 名员工）两头都达不到最佳境界。创新需要追加资金用于技术研发、硬件投入和营销促销，大公司的财务能力强，能够投入资源解决这些问题，而中小企业自有资源少，借用外部投入的能力较差，创新面临更多的障碍和不确定性，受资源约束而不得不减少这类创意活动。

● **企业年龄**

一项对小型高科技公司的调研发现，许多公司前 10 年搞外包，然后才开始产品创新计划，这表明公司年龄对创新有影响。

一般来说，公司组建的时间长，拥有的资源也较多。企业年龄不仅使创新公司的绩效各不相同，更使之与非创新公司拉开距离。

不过，在高科技领域，某些年轻公司得益于特殊的人才、理念和运作，其成长速度快于年长的公司。

三、信息约束

进入信息化时代，有关技术、资源、人才和市场的信息可得性对企业的创新活动至关重要。较之于大公司，中小微企业的扁平式层级结构有助于信息的内部交流和沟通，但它们的外部信息来源较少，知识谱系不足，难免有些孤陋寡闻、耳目失聪。新技术的信息强度越高，就越难以被小企业所理解和采用。

四、应对之策

为了破解上述不利的约束条件，小企业可以采取如下对策：

● 招聘技术人员和创新人才，将其新想法持续注入经营活动，而不是单纯依靠创始人或业主的知识。

● 建立中小微企业互助网络，免费或低价交换各自的技术和服务。

● 寻求政府相关机构、大学和科研院所的信息来源，获得咨询和外部支持。

● 寻找那些注重再设计和再加工的中小企业发展机构，获取外部技术和知识。

● 促使政府为中小微企业量身定制“创新政策”，识别和扶持杰出创新者，提升其创新的质量和密度。

创新能力不是与生俱来的，而是靠实战锤炼，靠“干中学”。小企业要客观、辩证地看待各种有利条件与不利因素，提振自信，勤练内功，增强外联，真正提高自身的创新本领。

第三章

谁来领导创新?

在一家企业中,谁来领导和负责新产品开发、工艺改进与其他研发活动呢?

此项任务非企业家莫属,尤其是那些有技术背景和相关知识的业主、经理,还有合格的科学家和工程师。

第一节 企业家:创新的原动力

约瑟夫·熊彼特是创新理论的开山鼻祖。1912年,他在《经济发展理论》一书中指出:"创新是经济增长和发展的关键因素。"

什么是创新?熊彼特认为,创新的方式包括引进新产品、改变品质、使用新生产工艺、开辟新市场、提供原料和半成品的新来源、创立新经济组织。他将创新定义为现有资源的“新组合”，使各项生产要素及生产条件组合发生革命性的变化，其内在深处是技术进步驱动。要突破平庸的、周而复始的经济增长，只有靠创新。

熊彼特认为，企业家的定位及其使命就是创新，企业家精神就是不断地进行革命性的要素重组。企业家的关键作用就在于重新优化组合劳动、资本和技术要素，将之转向创新用途，为供给侧改革和经济增长注入强劲的动力。

企业家是创新的开创者、组织者和运作者，是承担风险并从新的商业冒险中获得潜在收益的人。在创新过程中，他们扮演着多重角色：既是建筑师又是工程师，既是政治家又是经营者，既是艺术家又是科学家。不搞创新的老板、高管，算不上真正的企业家。从目前来看，企业家精神尚未普及，中国企业家仍需努力。

100 多年来，经济学界进一步扩展了熊彼特的创新含义：创新是指开发新颖的或改进的产品、工艺、物料和服务，并将之转移到适合的工厂或市场的过程。创新不局限于开发新技术、新产品、新工艺，它也是提供新服务、开拓新市场的代名词。

中小微企业的创新型业务是新建立的，或是以新的或改进的技术为基础的，或是以新的或改进的商业化和增长方式为基础的。

创新，是企业家练就本领的一门必修课，是企业家砥砺精神的一块磨刀石，是塑造优秀企业家的一条必由之路。

第二节 创新型领导者的特质

在小公司中，企业家的个人作用更为突出，创新的成败与其学历、见识、经验和能力密切相关。

一、总裁的学历证书

企业总裁（CEO）或公司创始人的创新能力，既是可观察的和可量化的特征的组合（如受教育程度和工作经验），也是不可观察的和不可量化的特征的组合（如领导力和团队建设能力）。

一般来说，CEO 的受教育程度与以专利衡量的创新产出呈正相关关系。CEO 的受教育程度如何潜在地影响其创新能力呢？首先，教育帮助他们增进知识、扩大视野以及提升理解技术和抽象概念的能力。其次，更高的教育水平表示他们有足够的智力从事挑战性的开发知识产权活动。最后，在大学和研究生院学习期间，师生之间与同学之间建立的社交网络在专业性很强的企业创新活动中是相当有用的。

印度的科技重镇班加罗尔聚集着众多的中小企业，其中 70%的汽车企业家、69%的电子企业家和 81%的机床企业家拥有文凭或学位（BE/ME/

PhD)。大多数企业家通过建立自己的公司来实施自己的创新点子或利用市场机会。

有趣的是，韩国公司 CEO 的学历与公司绩效似乎无关。但从年龄来看，年轻的 CEO 往往比年长的 CEO 干得更出色。年轻的 CEO 往往拥有比年长的 CEO 更高的学历。超过 90% 的风险投资企业的 CEO 拥有博士学位。

二、合格的科学家和工程师

创新活动的成功还取决于企业员工中合格的科学家和工程师的高比例，以及受过高等教育的硕博士企业家所提供的强大领导力。

研发工作的核心是，聘用合格的科学家、工程师和硕博士，以此作为知识、思想和创意灵感的直接来源，他们是研发活动的领军者和执行者，也是企业与外部研发来源的联络者和管理者。

无法招聘高质量的技术人才可能严重制约中小企业的成长，而随着中小企业规模的扩大，研发部门的设立及其正式开展的研发项目也随之增加。

对一些高科技公司的调研发现，企业家可以区分为科学型、技术型、学术型和工业型，而研究型企业家往往难以调和其研究兴趣与企业运营之间的矛盾，这个难题解决不好的话，这类企业家可能会招致失败。但也有人认为，研究型企业家更有可能引入全新的产品技术或要素组合，而其他类型的企业家只能引入渐进式创新。

第三节　领导角色及其作用

在企业组织的各个层面，物色好创新活动的领导者和主管人选，发挥其关键作用。

一、董事会

● 制定创新愿景，清晰表述企业对未来的期待，指明方向，凝聚共识。

● 制定创新目标，中期目标为 3～5 年，长期目标可放眼 10 年。目标指向应前瞻、清晰、具体和直观。典型的战略目标包括特定产品的市场领导者，或新产品市场的首个先行者，或产业内最具创新性的企业。

● 制定创新战略，具有清晰的逻辑和路径，并与企业的愿景和目标保持一致。

● 了解技术创新与竞争对手变革对企业战略和竞争地位的影响。

● 研判技术发展趋势和创新项目的财务分析、风险评估与市场预测。

● 列明可以获得投资支持的研发项目，制定投资路线图，审批重大的新产品和新工艺开发项目的财务资助。

● 聘用或解雇 CEO 及其他高管，以确保创新工作付诸实施,符合预期进度。

● 监控创新目标,当实际情况与目标出现重大偏差时,及时修正方案或改变方向。

二、高管层

● 根据董事会设立的愿景和目标,制订一个可行的创新项目计划。

● 确保所建议的创新项目符合企业的长期战略。

● 亲自参与创新,宣示并坚持关于技术创新和变革的长期承诺。

● 组建创新团队,选派合适的人担任创新项目的主管。确保可用人才和专用资金及时到位,这些资源在短缺时不被挪用。

● 跨部门协调企业所有的创新行动。

● 严格执行开发流程,从创意到发布的各个阶段把好审核关口,防止创新工作重心偏离目标。果断决策,及时停止执行某些不合时宜的项目。

● 考察创新活动的成本与收益,如果短期成本非常高,制定企业支撑到盈利时的必要举措。

● 预估出现技术跨越可能发生的各种情况及其对策。激进式创新比渐进式创新和工艺改善更具风险,如果高管层支持不力,那么中层管理者也不会为其尽心尽力。

● 带头营造创新氛围,倡导开放式思想交流,鼓励员工参与探索和创新，允许新想法呈交到高管层。让企业的创新文化承载组织内部长久深远的价值观，成为常规的行为、态度和情感模式。

三、研发团队主管

● 具备一定的技术权威，在技术上胜任创新工作。

● 具体组织、指导和实施创新项目。

● 调动研发团队成员的积极性，齐心协力，攻克难关。

● 提供实际帮助与资源来开发新思想。

第四节 创新领导者需注意的问题

一、领导力

小企业的创新需要一个强势的领导者，老板或经理的领导技能和经验是创新成功的关键。他们在决定采用某项创新时起着核心作用，项目的成功取决于其能否使研发满足客户需求或填补利基市场。

然而，今天的成功并不意味着明天也会成功。如果创新者抱住以往的成功经验不放，有可能会在下一次创新行动中变成创新的阻力和对象。

当企业陷入经营困境时，原先的领导者往往缺乏变革的能力，难以摆脱以往的路径依赖，更不知如何进行颠覆性的变革，这时就要断臂求生，果敢地更换公司领导层。

二、权力转移

创新意味着变局，创新者获得了新的智慧、经验和技能，从而握有了新的潜在权力。随着一项新技术的诞生，老销售员可能会丧失权力，而工程师和生产人员可能会取得权力。强势的领导者运用权力引导企业向一个全新的方向发展，在大刀阔斧进行产品和工艺改革的同时增强了自己的权威性。而有的领导妒贤嫉能，打压创新者，害怕下属超越自己，那他在权力结构中被边缘化也就为时不远了。

三、充分授权

一个分权的体系，对必要的创新冒险更为适合。企业领导者主要充当幕后支持者，放手让研发团队和员工去干，太多的插手和过细的管理反而有损于创新过程，项目主管无从发展自主的领导技能，参与创新的员工也无法得到所需的成长机会。

“疑人不用，用人不疑。”要充分信任被授权者，由他们做关键决策，使之成为真正的创新者。

当项目出现问题时，领导要主动担当，不要归咎于下属，不要责怪和惩罚员工，而应彻查企业的创新机制和系统问题，并积极予以改变。

第四章

创新战略选择

企业领导主要考虑创新的战略问题，研发团队主要考虑创新的战术和技术问题。

要不要搞创新？何时搞？选择何种创新战略？这是公司高管层必须殚精竭虑考量的最大问题，也是他们能为企业所做的最大智力贡献。

小企业更应仔细分析各种不同的创新战略的利弊，权衡其收益、风险和交易成本，选择与市场需求和自身能力相匹配的创新方式，谋定而后动，切忌鲁莽上阵、“野蛮开发”。毕竟小公司本钱少，即便你愿豪赌一把，但也输不起啊。

第一节　小企业创新的特征

小企业搞研发不必像大公司那么“高大上”，其创新活动通常有自己的特点：

- 更多涉及产品创新，其次是工艺创新；
- 最重要的目标是引入新的、改进的和优质的产品；
- 侧重于细分的利基市场，而不是一般性的大众市场；
- 中型企业的研发活动趋于常态化，小微企业更多从事特定项目驱动的研发活动；
- 研发活动在生产最终产品的公司中更为常见，组件分包商不太可能搞研发；
- 渐进式创新较多，也会有重大突破；
- 经常涉及与外部知识源和资金源的联系；
- 创新绩效通常与产出、营业额和就业的增长相关。

中小微企业通常根据自身特点来选择合适的创新类型，致力于特定产品的创新，如机床、科学仪器、专用化学品或软件，其主要优势是使技术与特定的客户要求相匹配的能力较强，并从用户体验中受益。

第二节　要不要创新？

一、创新并不总是在路上

创新最初只是一个“想法”，但什么时候会被打磨，付诸行动，变成一项发明，进而整合为一个产品、成气候为一个产业，需要好好研究。

创新并不是一定会发生，否则，哪来这么多过剩产能、僵尸企业、“鸡肋生意”？企业创新要讲条件，必须与外部市场需求和自身技术能力相匹配。但也不必等待条件完全成熟，只要有七成把握就可以开打，边打边补强，边干边调整。

创新也不总是在路上，如果产品、工艺和组织结构稳妥，环境成熟，创新可能并不合适。有时，按兵不动、蓄势待变也是一种策略，甚至更多的时候恰恰需要不折腾。在创新与不创新之间做出选择，在黑与白之间拿捏灰度，乃是一门大学问。天上飞的鸟很多，你不可能都抓，先抓哪一只很有讲究。难的是舍弃，所谓战略抉择，本质上就是“放弃一些应该放弃的事情”。

二、创新时机选择

企业启动创新的最佳时机受到以下几个因素的影响：技术创新带来的好处、必备技术和互补产品的状况、顾客需求的殷切程度、竞争对手的威胁性、企业的资源和实力等。

但是，对企业创新行为影响最大的还是技术周期变化。一项新技术从诞生开始，将经历导入期、成长期、成熟期和衰退期，形同 S 曲线，技术演化的不同阶段要求企业不断调整自己的创新部署。

在导入期，企业要密切关注研发动向和新产品开发。若是恰逢新技术革命爆发，你就不必再慢慢同化旧技术，而要抓住机遇，利用新技术手段实行“蛙跳”超越。

进入成长期，应巩固创新成果，不断完善产品，确保技术最优。

到了成熟期，工艺创新变得更加重要，要确保效率最高。

衰退期的重点在于成本控制。在丧失竞争力的产品和工艺上画蛇添足是一种浪费，这时就要研究退出方式，及时收手，转向其他更有活力的新技术。

现代技术生命周期日益趋于缩短，尤其是新兴产业。在集成电路行业，有一种“摩尔定律”——创新速率仅为 18 个月，企业不快速创新，便面临着死亡。

新技术的出现会颠覆旧的竞争格局，产生新的赢家和输家。你要不时扪心自问：3～5 年内行业将发生什么变化？你所在的行业会不会消失？遗憾的是，产业结构的演化并不总是能够被准确地预见。尽管你在某个行业独领风骚，还能稳坐 5 年的头把交椅，但若该行业在 5 年中有可能消失的话，那你统治一个正在消亡的领域也就毫无意义了，反而是无力应对的表现。

至于那些跨界而来的隐秘杀手，你也不得不防，例如闯入影视业、零售业和金融业的互联网企业。与其让互联网 + 你，还不如你去 + 互联网。

市场上不时会有突发机遇，其“窗口期”十分短暂，如果你还在画地为牢般地自恋，就会与之擦肩而过。天予不取，反受其咎；时至不迎，反受其殃。应当机立断、快速反应，抓住市场上一闪而过的突现机会。

第三节　领先创新与跟随创新

一、领先创新

先发者，是指以某种方式首先进入市场的公司。它们是首先将某个产品或服务引入市场的公司，或是首先进入某个市场领域的公司，或是首先在特定领域使用某种技术的公司。

先发者是第一个挑战者，是“第一个吃螃蟹的人”。这么难做的事，别人不敢碰，竞争反倒没那么激烈，反而容易把事情做成。

先发者的优势包括：

● 对技术和工艺开发有独一无二的领悟，有利于开发下一代技术。

● 凭借技术领先地位和知识产权保护，可获得长期的垄断利润。

● 优先获得关键区位、政府许可、分销渠道和供应商关系等稀缺资源。

● 品牌认知度和客户忠诚度高，购买者不愿承担使用其他同类产品的转换成本。

● 早进入市场具有路径依赖优势，后来者难以赶超。

先发者的劣势包括：

● 研发费用高，技术风险大。

● 市场需求是未知数，试错和纠错成本高。

● 须承担市场上尚不存在的生产工艺和互补产品的开发费用。

● 须花费资源和时间去引导顾客接受新产品。

● 须花费资源去开发供应和分销渠道。

先行企业在前方开拓，跟随者会群起竞相模仿。公司必须持续创新，不断突破和超越自己，才能保持持久的竞争力。

二、跟随创新

有些时候，作为追随者对公司更为有利。先行企业蹚雷开路，后发者可以从中汲取经验教训，赢得后发优势。

后发者的优势包括：

● 反求破译，模仿创新，减少或避免技术开发风险。

● 直接采用更有效率的新技术、新工艺和新设备。

● 节省培育客户的成本，开发出更贴近市场偏好的产品。

● 紧跟先发者进入市场往往能取得更好的业绩。

小企业大多是大公司的追随者和辅助者，如果它们只是被动地跟着走，那就永远出不了头，还有可能跟丢，被市场无情地淘汰。

第四节 产品创新与工艺创新

一、产品创新

产品创新是指引入新产品，通过改变产品设计、形状和尺寸，或改进质量、降低成本，以改进现有产品，满足客户要求。

产品创新历来是企业研发的核心，其主要类型如下：

● 原始创新：创造新知识、新原理，属于基础研究范畴，大学、科研院所和专业实验室专注于此。原创风险极高，小企业很少参与。

● 应用创新：运用基础研究获得的新知识去创造新产品，风险较低，成功率和回报率处于中等水平。

● 集成创新：改良现有产品，或为其开拓新市场。集成创新增值较快，风险较低，但回报也较低。

● 模块创新：使用新的或至少显著不同的组件。通过使用不同设计理念和新技术的新组件，改变整个系统中一个或多个组件的操作方式，但系统集成及其配置架构仍保持不变，适合产品升级。

● 架构创新：组件及其设计概念保持不变，但系统集成的架构随着新连接的建立而改变。某些组件即便有轻微改进，但仍像以前一样运行，且处于一个重新设计和重新配置的新系统中。

创业公司和小型家族企业通常从事单一产品的创新，术有专攻、业有所长，缺点是产品太单一，市场应变能力较弱。

二、工艺创新

工艺创新是指为现有产品引入新工艺，重新设计业务流程，通过材料节约或替代等技术来降低成本或提升质量，旨在提高企业的生产能力和效率。

三、互补互动

实际上，产品创新和工艺创新是相互依存的，经常交互进行，相得益彰。中小企业大多参与双重创新。创新既体现在产品导向的成果上（如产品和服务质量的改善、范围的扩大），又体现在工艺导向的成果上（如增加生产能力、提高生产的灵活性）。新工艺保障了新产品的生产，而新产品使新工艺的开发得以实现。产品和工艺的双重创新会增强中小微企业的竞争能力，如降低成本、提高质量、减少次品、增加产量、渗透新的市场。

第五节　渐进创新与激进创新

渐进创新或激进创新，端视其创新的性质及新奇程度而定。

一、渐进创新

渐进创新是对原有技术进行较小的改良、提炼和充分利用，或根据现有技术的变化，运用新的方式对现有技术元素进行重新组合。通常采取的方式是改进某些局部的组件或设计的特性和功能，而不是根本改变整个系统。

中小微企业最常见的是搞渐进创新，它们主要通过满足客户需求从创新中受益，而不是创新的新奇性。其优点是：

● 降低新产品商业化的风险，获取良好的投资回报。

● 如能根据客户要求改进现有的产品和工艺，比开发全新产品或工艺更能增加销售。

● 创新不一定非要激进，它可能就像老产品的新应用一样简单。最盈利的产品也许源于一个很小的想法或系统集成，而不是天翻地覆的变革。企业要保持高度的敏感性，不要忽视小的细节。

其缺点是：

● 渐进创新企业的管理者只熟悉和擅长成本控

制，追求质量和效率，这些固然重要，但仅仅如此，仍无法赢得可持续的竞争优势和可盈利的业务增长。

● 渐进创新虽然风险低、震荡小，但不能持之以恒。一旦技术周期发生变化，企业将很难适应新技术条件下的市场竞争环境。

为了保证企业的未来，在竞争中拔得头筹，许多小企业也开始思考一些根本问题：如何打破渐进式创新，实现跨越性的创新？哪些新技术最具变革潜力，能使自己的产品和服务与众不同？哪些邻近市场可以为现有平台创造机会，实现跨界突破或突围？今天的投资决策决定了未来的商业价值。小企业一旦凭借激进创新技术进入高端市场，便会抓住一切机会获利，最终颠覆整个市场。

二、激进创新

激进创新是指运用新的设计，开发新的组件，创造出全新的产品或工艺。这种创新采用新的架构，以不同的方式连接组件，形成新的产品系统。真正激进的创新是原创性的、颠覆性的、革命性的，它会引领尖端技术的发展。

高科技创业企业的诞生，意味着研究型企业家可能发现了某种新产品。这种新产品极为珍奇，同时又极具风险。如果技术过于复杂，小公司很快便会耗尽研发资源，出现资金短缺，甚至来不及回收研发成本就濒临夭折。即使能拿出新品，因聚焦于单一产品和利基市场，加上缺乏可信度和良好的销售记录，新科技产品也很难立马占领市场。科技型初创企业的艰难发展亟须得到政府、社会和市场的特殊扶持。

适合国情、厂情的创新，往往是最好的创新方式。发达国家中小企业倾向于激进创新，力求攀升到跨国公司的价值链和供应链，而发展中国家的激进创新者则较为罕见。同样是生产锂电池，日本工厂使用大量机器人进行生产，中国深圳的比亚迪公司依靠的是半自动化加女工灵巧的手指，结果是后者完胜前者。

三、双重创新并举

一个企业，能否同时开展渐进创新和激进创新呢？

在同一个企业中，这两种不同的创新行动必然会触发矛盾：渐进创新偏重于开发，试图强化当前能力带来的眼前利益，但可能会导致企业发展停滞，陷入“能力陷阱”，无法应对市场和技术变革。激进创新偏重于探索，力求抓住新机遇实现跨越式突破，但企业要冒极大的风险，甚至可能会陷入“失败陷阱”。向激进创新倾斜配置资源，意味着分配到渐进创新的资源将被挤出，企业有可能捉襟见肘，首尾不能相顾，甚至会两头落空。

然而，有一定实力的中小企业仍可实行双重创新，这需要极高的管理艺术，将两难选择变成协同互动，真正发挥这两种创新战略各自应有的价值。

● 在资源条件允许的情况下，企业最理想的项目组合是同时开发常规的盈利项目和高风险的突破项目。前者能充分利用和拓展公司现有的能力和优势，增加现金流，用盈利积累为更冒险的激进项目提供支持；后者更具狼性和冒险精神，能创造吸引顾客的特色产品，提振公司的士气、声望和技术能力。这两种创新战术搭配使用，在拓展现有知识的同时开辟了新领域，企业的创新之路会走得更快更稳。

● 鼓励设计师和工程师在渐进创新项目的大框架下自由发挥创造力，运用新的方式对现有元素进行重新组合，确保项目符合当前的市场需求。同时，允许他们通过“头脑风暴”和反复试验，打破项目原定的目标和界限，在渐进创新中实现局部性的突破创新，探索开发新技术和新市场的可能性。

● 鼓励研发人员切换工作模式，在渐进式的产品拓展项目与突破性的产品创新项目之间进行轮换。循规蹈矩会束缚思想、遏制灵感，而过于冒险则会导致盲动且浪费资源。研发人员的轮职换岗有助于其脚踏实地、发挥创意，在遵循规则与焕发激情之间找到平衡。

● 专设“孵化器”，为高风险和长期项目准备一个安全港。在“孵化器”中，项目可以敞开接收有关新机遇的信息，免受外部各种挑战的打扰。在探讨颠覆性产品和技术时，允许研发团队反复进行实验和测试，用独特的新技术发明来完善创意，而无须像渐进创新那样必须通过概念界定和“阶段—关口”审查。

● 激进创新在短期内有可能导致收益减少，企业要有相应的心理准备和财务筹划。高管层要及早淘汰不符合企业战略或不适合长期发展的项目，为开展颠覆性技术创新项目腾出资源和空间。

一个企业若能将这两种创新方式有机地结合起来，其创新事业必将立于不败之地。

第六节　内部创新与外部创新

根据创新来源，创新战略可分为内部创新和外部创新。

一、内部创新

内部创新，意指企业基于自身实力、资源和人才，独立自主地从事研发和创新活动。

企业选择自主创新的动因是：

● 已掌握独立开发所需的技术和资源。

● 缺少技术和资源互补的合作伙伴。

● 掌控研发全过程，防止技术泄密。

● 独占新技术及其全部回报。

● 培养技术精英，增强创新后劲。

领先创新和激进创新往往先在企业内部萌发和启动。内部创新是高技术小公司的杀手锏，更是其存在的理由和生命线。

然而，“单干”也有一些潜在问题：

- 需要独创性探索，没有先行者的经验可作参考。
- 新技术越复杂，研发投入就越多，成本回收可能赶不上烧钱速度。
- 研发周期拉长，可能会错失市场机遇“窗口期”。

二、外部创新

外部创新，也称开放式创新，意指企业从外部来源获取必要的技术、知识和资源，如新产品创意、知识产权许可、研发外包、销售渠道和发布资源。

企业选择合作开发的动因是：

- 自身能力不足，无法单独创新，须借助外援。
- 快速获取必要的技术和配套资产，缩短开发周期。
- 不受过多固定资产的束缚，提高资产运用灵活性。
- 学习并分享合作伙伴的专业知识。
- 共同分担创新成本和风险，减少项目不确定性。
- 订立共同的技术标准，开发兼容性和互补性产品。

你也许知道“木桶理论”：木桶的最大容量取决于最短的那块木板，补齐短板可以增加木桶的容量。现在又出了一个“新木桶理论”：你不必补短板，只要把最长的木板发挥到极致，搜寻到与自己相匹配的外部资源，就能打造一个超大容量的新木桶。发挥好自己的所长，与别人最擅长的方面合作，形成技术互补和优势叠加，这就是外部创新。通过开放式“整合”，小企业可以改变技不如人的状况，将外部知识转化为自己的内生变量。

参与外部创新颇有挑战性，需要克服一些特殊的障碍：

● 最大的问题是，企业如何有效整合从外部获取的技术和资源，以解决各种技术、规则、文化和利益方面的冲突？

● 外部创新的管理需要匹配相当多的技术和资源。

● 合作伙伴挑选不当的话，将达不到创新的质量和期限要求。

● 员工缺乏知识和创新能力，适应创新的灵活性不足。

● 外部创新会触动企业内部的现存秩序和利益存量，引起部门、员工和研发团队之间权责利关系的相对变化，如何协调和协同成为一大挑战。

经验表明，中小企业实行外部创新的成功率不太高，绊倒在这块石头上的情况屡见不鲜。企业必须摆正内部创新与外部创新的关系，外部知识更多的是一种补充，不能替代企业的自主研发，内部创新能够增强企业对新技术的理解和利用能力，更好地吸收并消化从外部获取的技术和知识，自主研发的企业恰恰是外部创新网络的最频繁使用者。自主研发与争取外援相结合，才是创新成功的不二法门。

三、技术来源多元化

内部研发曾经是企业创新的动力，如今却已不再是唯一珍贵的战略资产。在企业外部，存在着无数的想法和创意，小公司可以设法与外部的技术源和知识源建立联系，参与技术合作和知识产权交易，通过目的明确的知识交流，加速内部创新进程，扩大创新在外部市场上的应用范围。

实行技术来源多元化，与大学、科研院所、大型公司和领先用户保持紧密联系及高频互动，在中小微企业的外部创新战略部署中发挥重要的作用。

- **发明家**

发明家在某一领域拥有技术和知识方面的专长，同时关注另外两三个领域，善于融会贯通各领域的知识。他们好奇的是问题本身，而不是问题的解决方案，擅长创造发明，但不一定成为企业家。不过，也有一些发明家申请发明专利，推动发明成果的商业化。现今活跃在创新一线的创客和极客，往往集创业创新于一身。

● 用户

创新经常来自那些为满足自身需求而寻找解决方案的用户，他们会向制造商提出产品设计建议，或自行修改现有产品，甚或自己动手开发新产品。用户的创意是新产品价值的最大源泉。企业在设计产品初始版本时，可以吸收用户参与创新过程。

● 供应商

企业还可以吸收供应商参与研发或充当顾问，让他们运用自己的知识和信息资源，为改进产品和提高开发效率献计献策。通过与供应商的协作，企业可以用更少的时间、更低的成本，开发出更优质的产品。

● 大学、科研院所、科技园区和孵化器

当地的大学不失为中小微企业获取外部知识的一条重要渠道。综合性大学和理工科大学大多设立专门的技术转让机构，负责对大学持有的知识产权进行处置。一项专利转让成功，校方和发明人可分享收益，均蒙其利。美国硅谷以当地大学为中心，聚集着数万家科技型创业企业。北京中关村、深圳南山也依托大学，形成了“脑带”和科创产业集群。

科技园区和孵化器是高新技术产业集群的发祥地，也是众多科技型初创企业成长的摇篮。一些颇有潜力的新技术在早期很难确定直接效益，孵化器能帮助企业克服市场失灵的困难。

中国的大学、科研院所、科技园区和孵化器多为官办。政府倡导产学研结合，欲释放聚变能量，但这些机构与产业市场的连接仍有隔阂。小企业的市场需求多属于短期性质，与大多数大学、研究机构的长期研究兴趣不相匹配。一些科技园区除了让中小企业获得有声望的低成本地址外，其他贡献寥寥，与其忙于催生“双创”企业和遴选获奖企业，倒不如去设法打通基础科研与产业市场的脉络，提升中小企业的创新质量和效率，让那些尚未实现增长潜力的成熟企业能够获得更大的支持。

● **大公司**

小企业通常围绕着大公司生长，在其供应链和价值链中谋求一席之地。一些小型科技公司、独立实验室可以接受大公司的研发外包或联合研发任务，与其建立研发合作关系。大公司和小企业在文化、组织结构和决策方面存在着差异，对开放式创新的管理方法也不尽相同，反映了两者在创新体系内的不同地位。

● **科技中介**

科技中介，也称知识经纪商，他们善于发现和捕捉不同领域知识的结合点，为毫不相干的企业牵线搭桥，将某个领域的技术信息传递到另一个可能会得到应用的领域，让不同知识的结合产生出新奇的解决方案和潜在的协同效应。

● **海外创新源**

“海归”专业人士带回来的新技术萌生了不少新产业。海外人才高地上还有许多适合小企业开发的技术，企业可以利用互联网络和同种同文优势，与海外创新源进行联络。一些有实力的中等规模企业开始涉足研发导向型的海外直接投资，走出去创办海外研发中心，利用当地科技人才，实行研发活动的全球化。

四、外部创新方式

外部创新的运作方式主要有：

- 引进技术或技术授权
- 创建合资企业或战略联盟
- 颁发知识产权许可证给其他公司
- 供应商和客户参与研发
- 使用外部的合作研发网络
- 参与其他公司的研发活动
- 研发外包
- 构建海外研发中心

参与外部创新的特点，因其规模大小、技术性质和所属行业而有所不同：

● 规模较大的企业强烈倾向于外部创新，是外部创新的重要践行者。它们积极参与各种外部创新活动，参与知识产权共享，拥有开放式创新网络。

● 中等规模企业的外部创新主要依赖合作伙伴

和客户参与，也依赖研发外包、创建新公司和参与其他公司创新活动，但很少在知识产权方面进行交易。

● 小公司采用外部创新的范围很窄，主要依赖客户参与。大多数小公司不参与复杂的和正式的外部创新活动，如创建合资企业、知识产权交易、研发外包和参与其他公司创新活动。

● 制造业中小企业更多地参与研发外包和技术授权，而服务业中小企业更频繁地创建新企业，如加盟连锁店。

● 在中等技术制造行业，中小企业创新很活跃，新产品商业化也相当成功，它们除自己的贸易伙伴外，较少利用外部创新网络。有些小型高科技企业与外部联系也不多。

哪些小企业能够获得外部支持呢？

● 创业公司与期权激励公司

● 拥有技术型企业家

● 存在独立实验室和设计公司

● 创新性质：产品和工艺创新

● 创新频率：创新活动频繁

从创新绩效来看，仅仅依靠内部力量进行创新的企业不如那些获得外部支持的企业。不过，“打铁还需自身硬”，若无一定的底蕴和内功，即使引进了技术，也无法借力发力。

在发达国家，中小企业倾向于与总部基于本国的跨国公司和技术机构进行合作。客户的业务需求、与关键客户的密切合作关系，加上完全吃透和彻底破解竞争对手的产品，构成其外部创新的驱动力。

在发展中国家，大多数中小企业通过内部努力进行创新，而获得外部支持的少数企业具有更强的技术实力，更频繁地从事产品和工艺创新，也能取得更好的创新绩效及经济绩效，其中不乏佼佼者在这个过程中实现了国际化。采用外部战略获取技术的创新者可以跨越自己，去拥抱新的世界。

五、选择合作伙伴

外部创新的成功有赖于选择合适的伙伴。找合作方如同“找对象”，需要了解对方的秉性脾气。合作若涉及股权，更得摸清对方的底细，了解其规模和实力、双方资源的匹配程度、目标是否一致、企业文化是否相近，然后才能决定是“娶进来”还是“嫁出去”。

以下列出了挑选合作伙伴需要考虑的一些问题。

对企业优劣势的影响包括：

● 合作方是否拥有企业自身所不具备的资源，如工艺技术、经验知识和销售渠道？

● 对方资源与己方资源的配套程度有多大？能否通过整合产生协同效应？

● 合作创新是否符合企业的战略目标和意图？能否达到增强竞争优势和核心能力、提升市场权力或规模经济效应的目的？

● 这种竞争优势可以运用合作以外的方式获得吗？

● 合作能否弥补企业的劣势或短板，并改善自身的技术或财务状况？

● 对合作创新所得到的科技成果及知识产权有无实际控制力？

对竞争态势的影响包括：

● 合作伙伴会成为新的竞争对手吗？

● 合作关系能否阻止其他潜在竞争者进入市场？

● 现有的竞争对手会不会模仿这种合作模式？

● 合作会影响企业与其他竞争对手的相对地位吗？

● 合作将如何改变用户和供应商的议价能力？

● 合作会影响配套产品的可得性吗？会消除替代产品形成的威胁吗？

管理大师彼得·德鲁克说过："决策是一种判断，是若干项方案中的选择。所谓选择，通常不是'是与非'之间的选择，至多只是'似是与似非'中的选择。"

真正的战略抉择必然包含恐惧和不安。为了制定真正的创新战略，企业决策者如履薄冰、如临深渊，需要做出艰难的抉择，甚至不惜狠下赌注。制定创新战略的目标是增大成功概率，而非完全消除风险。

第五章

组建研发团队

无论从事产品创新或工艺创新、渐进创新或激进创新、内部创新或外部创新，一支精干的研发团队将是更得力、更高效的创新者。

组建研发团队，无异于给企业这部创新机器装上引擎和心脏，将为公司开发必要的新技术、创造新产品，或迭代原有的产品。

第一节　构建团队

大多数中小企业被视为“非正式”创新者，或未设独立的、完全授权的创新部门，或未建立由全职专业人员组成的研发团队，或缺乏专门的研究场所和专用的研发设施。

囿于资源条件的约束，一般小企业较少设置专门的研发部门，更常见的是针对特定问题而组建的项目组，研发工作及日常生产操作均在同一场所进行。研发团队也是临时性、兼职性的，完成任务就会解散。

规模和实力较大的企业会组建自主性研发团队，研发部门与主流组织相分离。其制造和销售部门高度规范化和标准化，但对研发部门网开一面，不受其他部门掣肘。

许多科技型小微公司和新兴创客部落本身就是一支高效运作的研发团队。专业研发人员占比高，专利倾向性强，是创新战线上的一支生力军。它们常常以小博大，提供特殊技术，与大公司联手，为用户提供整合型的最终解决方案。

“科霸”型公司的研发部门大多有自己独特的文化和运营模式，堪称公司内部创业的小团队。苹果公司的乔布斯就不相信公司原有的成长环境能够孕育一场根本性的变革，他向开发小组灌输离经叛道的文化，营造自主创业的浓厚氛围。洛马公司的“臭鼬工厂”也是几乎完全独立于母公司的研发部门，高度分权令其更有柔性和创造性。

实践证明，相对独立的研发部门更有利于原创研究，研发产生的创新对后续技术演进有着更大、更广泛的影响，组织记忆和经验智慧将会成为企业的无形资产。如今，许多企业的研发团队已不再采用长时期一起工作的方式，而是以项目为纽带，引导研发人员在特定时期内围绕特定问题进行合作研发。

第二节 项目主管

点将最为紧要。公司高层应选派有威望、有能力之士担任项目主管,予以充分的信任,赋予其自由支配研发资源的权力,执掌从创意到发布的全过程。

项目主管的主要职责是:

● 牢牢把握研发创新的方向,与公司战略目标始终保持一致。

● 制定工作目标和行为规范,组织、督导和实施创新活动。

● 落实研发必需的资金和人力,消除资源匮乏之虞。

● 根据知识领域、人际技巧、多元背景和履历经验来挑选合适的团队成员。

● 负责沟通和协调不同部门的参研人员,充分调动团队成员的积极性,为其提供具体指导与帮助。

● 负责联系和协调公司其他的职能部门。

● 带领团队作战,攻关克难,按期完工,直至发布新产品之日。

需要注意的问题有:

● 项目主管往往偏向于支持其出身部门的项目。

● 容易高估项目未来的现金流,误判项目的实际价值。

● 有时项目原始价值已不复存在，主管仍视而不见或固执己见，他人碍于其权威而噤声不语，从而铸成难以扭转的大错。

第三节 研发骨干

研发团队是企业的特种部队，履行特种作战的使命。兵不在多，而贵于精。其实，企业内部并不缺创新人才，尤其是那些浸润多年的技术骨干。

创新人才是发掘新奇创意并将之转化为商业成果的关键要素。特立独行、不满现状、有想法、敢做梦，这些特质往往不受待见，在研发团队中却有其特殊作用。将创新分子凑到一起互相鼓舞、互相欣赏、互相激发、互相打磨，可以把研发团队变成企业的一个“小特区”、一块创意绿洲、一方创新热土。

创新理念的自由流动会增加创新突破的机会。项目组要实行开放式交流，所有成员分享彼此的知识。充分发扬技术民主，广开言路，允许质疑研发流程。技术讨论没有上下级之分，谁说的有理服谁的。

订立研发合同，明晰权责利，让团队成员有主人翁的感觉，自觉主动参与创新，确保创新按照要求的时间和方式发生。实行有效授权，促使研发人员学习新知识、增长新技能，执行中出现问题可以追究责任人。但企业也要保证他们有时间、空间和相关资源去开发技能，为他们提供相应的培训机会，支持其履行新职责、发挥新作用。

延揽外部人才加入研发团队，特别是从“三归”（海外归国留学人员、本省籍的高校毕业生、有技能的返乡农民工）中寻觅人才。小企业虽然给不了特别优厚的待遇，但可以打“亲情牌”，利用人们恋乡顾家的亲情，引凤回乡筑巢，共建美好家园。

第四节　跨职能构成

创新团队的组建，不是临时抽调几个技术骨干那么简单，其成员应来自企业中的不同职能领域，涵盖所有的关键部门，如营销、工程、制造、运营、财务、销售、客服和质检等业务部门。

跨职能团队比单纯的技术团队更具创造力，一个拥有工程师和生产、营销、采购及财务人员的研发团队会产生“整体大于部分和”的效应。这样的团队比单枪匹马或整个公司一起上更有效率，能激发人们超越自己的经历，分享彼此的知识和技能，跨学科地思考问题的解决方案。这样的团队拥有各种技能、知识和经验，在互动、碰撞中会迸发出新思想，从而提供更多的信息来源、更完善的解决方案、更出色的整体表现。

跨部门团队有助于将设计、生产和市场营销等目标统一到整个开发过程之中，确保研发全过程的高效运作。

● 设计师是研发活动的主体和中坚力量，自始至终待在团队中直至项目完成。他们负责技术设计、产品设计和工艺设计，还有视觉设计、美学设计和包装设计。他们应与营销人员沟通信息，找准市场定位，针对客户真正的关注点，设计出消费者喜爱的产品。他们还应与生产部门通力合作，使设计出来的产品便于生产，降低次品率和生产成本。

● 来自其他职能部门的参研者构成项目组的外围和后盾，各自充当与本部门沟通的桥梁。

● 营销、采购人员在市场调研和初始设计阶段介入较多，营销人员在项目后期还要制定新产品营销策略，组织用户体验和市场测试。

● 工程师在项目中期制作原型机实物、小批量试产和定型投产时参与较多。

● 财务专家在制定初始规划和研发预算时参与较多，在开发后期还要核算新产品成本。

● 拥有女性成员的团队比清一色男性的团队有更高的集体智慧，因为女性有更高的社会意识和团队意识。

当然，具有不同专业背景的项目组成员进行交流的难度也会随之增大。创新还会引起企业内部权力结构变化和利益再分配的问题。一项新技术可能会使工程师和生产者取得权力，而令销售人员丧失权力。某些人会抗拒创新，保留技术秘密不被外传，担心知识扩散而被边缘化。

第五节　虚拟团队

随着互联网和信息通信技术的发展，企业可以构建在线虚拟团队，跨越地理空间的限制，利用全社会的智力资源，招揽异地专家、创客为同一项目进行研发，或利用别国的技术、资产和人才，依托网络技术进行国际合作研发。

成员来自不同的国别、地域或实体，拥有不同的技能和文化背景，这使企业得以发掘每个地方最有才华的人才，激发创意、新构思和建设性想法，为不同文化背景的市场（包括海外市场）提供定制产品。

虚拟团队高度依赖信息和通信技术进行沟通，使用同步通信技术（如电话/音频会议、视频会议、即时通信等）和非同步通信技术（如电子邮件、语音邮件、社交网络等），沟通的性质和频率将影响团队的协作绩效。

这种新兴的虚拟团队形式比较适合渐进式、模块化创新，但难点在于如何解决互信、协调、责任感和隐性知识交流等问题。

第六节　高效团队

- 突击重点项目时，企业可以组建重量级团队，配足所需的一切资源。

● 从事激进创新时，可以组建完全自主型的“老虎团队”放手一搏。

● 高效团队成员对创新项目充满热情，全身心投入开发工作，愿意付出额外的时间和精力。

● 团队成员在团队之外也能积极活动，例如获取高层管理者的支持、筹集资金、在开发之前花费大量时间了解客户需求等。

● 高效团队在设计出新产品的同时，立即着手研制原型机，并邀请客户和生产、销售部门参与其中。

● 高效团队与公司其他职能部门保持密切的沟通，与公司内部的不同要素进行精诚合作。

● 设有专人负责对外联系，邀请领先用户和参研供应商介入创新顶层设计，共同搞好总体技术方案。例如，邀请潜在客户参加“头脑风暴”讨论会，召集供应商献计献策。

● 研发外包是企业扩张研发能力最快的路径，项目组先给出最原始的创意，找一个值得信赖的专业公司或外部开发者来承担某些关键的设计开发。

第七节　研发绩效管理

项目团队必须对项目的最终成果负责，对利润/销售收入的绩效目标和项目完成的时间目标负责。

如果达到当初规定的项目范围、进度、质量和成本指标的要求，企业就应给研发人员合理的回报，激励他们创造更大的价值。一个企业的价值创造、评价和分配机制一定要非常清晰，谁创造了价值，就要给谁表彰和合理的回报，这样才能激发整个开发团队的斗志和激情。

第二部分

技术创新流程管理

技术创新流程管理，也称技术创新生命周期模型，涵盖了从创意到发布、从原型到成品的全部流程。此乃制胜锦囊，所有创新者不可不知、不可不察、不可不用。

一个技术创新项目，按照时间顺序可以划分为前端、中端和末端三大块，每一块又可以划分为若干阶段，总共有 7 个阶段，每个阶段设有管理决策关口，此谓“阶段—关口”流程。研发团队执行每一个阶段的任务，只有成功完成任务，产生可交付成果，才能通过审查关口，获准进入下一阶段，如此依次推进，直至达到预期结果。

从这个意义上，“阶段—关口”流程是一种从大量创意构思中筛选最优解决方案的审核机制，是指导公司实行技术创新全过程的“剧本”或路线图。

创新前端主要包括 3 个阶段：

阶段 1：创意构思。这是项目的前期准备工作，旨在寻找和发现机会，激发、生成和筛选创意。该阶段要了解和分析当前市场，确定未来的潜在市场机遇，针对企业现存的技术差距，在广泛吸收不同来源的创意的基础上构思新产品的最原始雏形，为机遇中的问题提供解决方案。

阶段 2：项目界定。该阶段要明确新产品的形式、功能和价值主张。通过快速调查和范围确定，弄清拟创新项目的技术和市场价值，进行市场、技术和运营方面的预评估。该阶段主要是案头研究或探索工作,只做很少或不做基础性研究。

阶段3:可行性研究。该阶段要制订企划案或商业计划书,深入调研用户需求和客户意见,详细剖析目标市场;进行详细的技术评估、供应源评估及财务经营分析;明确产品定义,作出商业判断,完成项目立项,制订出下一阶段的详细行动计划。

创新中端是实施开发,也包括3个阶段:

阶段4:设计研制。执行研发计划,对新产品进行实际设计和研制,通过一系列实验测试和部分客户测试,得到一个"可交付成果"——原型机或实物产品。

阶段5:测试验证。通过客户测试或现场测试考察新产品,通过小批量生产考察生产工艺,通过测试市场、模拟市场或试销结果考察客户接受程度,以确定新产品能否定型投产、正式发布及获得财务支持。

阶段6:新产品发布。产品全面商业化,开始量产、发布和销售。

创新末端包括新产品发布后的管理和项目收尾工作。

阶段7:发布后管理。新产品发布后进入生命周期的早期阶段。企业将对产品持续进行改进,推出新的版本。12~18个月后,对项目绩效与期望值进行比较,总结经验教训;解散研发团队,终止开发项目。

阶段1～阶段3构成创新前端三部曲，均属项目规划，最后一步“可行性研究”是关键决策点。

阶段4～阶段6构成创新中端三部曲，均属项目实施，最后一步“新产品发布”是关键决策点。

从阶段1到阶段5，企业只有投入和吸收资源，不产生任何收入，这一期间的现金流为负；到了阶段6～阶段7及以后，研发成果实现了商品化，才能带来正的现金流。

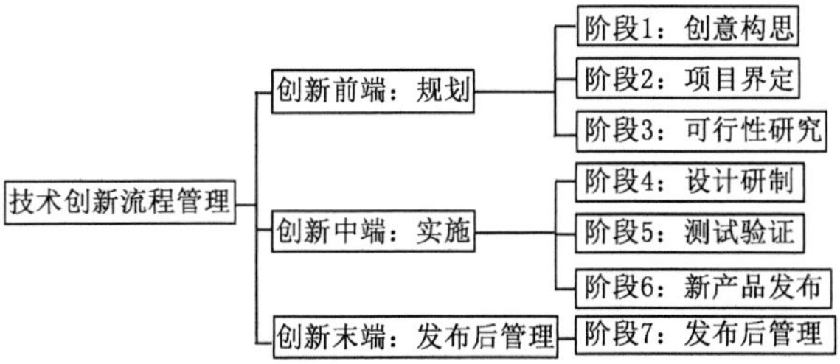

对中小微企业来说，创新大多以项目的形式出现。我们将按照上述流程逐步展开的时间轴线及其相互衔接的各个阶段，分述各阶段中创新活动的任务、步骤、运作要点和注意事项，侧重抓住关键节点，提供创新地图和路径。

实践证明，新产品开发只有一半左右达到了预期的财务目标，只有不到一半的新产品做到了按期发布，因此，对创新项目流程加强管理显然是非常必要的。

创新前端：规划

创新前端的主要任务是规划，可划分为3个阶段，分别是创意构思、项目界定和可行性研究。

规划工作看似务虚抽象，其实是为企业擘画未来，进行兵棋推演，夯实发展基础。

第六章

阶段 1:创意构思

1. 向哪些客户了解需求?
2. 深入了解客户需求
3. 吸引客户参与构思
4. 创新前端的必修课
5. 构思新产品

对新产品的创意构思,并非天马行空、随意构想,而是基于客户的需求。常言道:“客户是上帝。”对企业来说,客户关于产品改善的想法和期待是最有价值的信息。对客户需求缺乏了解实为创新成功的大敌,凭空妄想的构思无论多么美妙,都不过是建立在流沙上的阁楼。

创新企业的使命,就是要以领先行业的速度、具有竞争力的成本和独一无二的解决方案,来满足充分了解的一系列客户需求。

第一节 向哪些客户了解需求?

企业的客户分为两类:一类是有兴趣、有购买力满足消费需求的消费者个人(B2C);另一类是寻找产品或服务来解决商业需求的其他公司(B2B)。

客户的范围不仅包括企业的当前客户,还要尽可能延伸到潜在的客户、竞争者的客户,以及其他有未解决问题或未满足需求的人。

一般来说,企业目标市场中的各类用户都应纳入考察的对象。据统计,开发团队至少要调查 20 名以上的客户,才能获取全部客户需求信息的 90%。

尽量了解客户对产品形状、规格、功能和品质等细节的要求,只有针对客户的具体需求进行开发,你的产品才能占据市场的主导地位。

客户调查的主要对象有:

● 在日常生活和工作中对产品有详细了解和亲身体验的客户,他们能够准确提出自己的需求,能够提供产品在哪些方面表现出色及哪些方面表现不足的细节信息。

● 除非某个客户正在亲自动手开发满足自身需求和填补市场空白的产品,否则,任何单个客户都不能准确告诉你应该开发什么样的新产品、新产品应有哪些细节特征,更无法告诉你尚未被商业化的新技术细节，对激进创新技术更是一无所知。

● 与客户经常保持沟通的销售人员、参与行业学术交流的研发人员对客户需求和市场机遇有比较敏锐的洞察力。向一线工作的销售、客服人员了解客户意见是一条捷径，但也不能把老客户当作唯一的信息来源，否则会陷入“以偏概全”的误区。

● 某些专家或行业思想领袖具有独到的眼光和视角，但也不是最佳的交流和观察对象，只有专家才能使用的产品将会大大缩小你的目标市场。

● 注意调查收集潜在客户和竞争对手的客户，他们会提供你从来没有接触过的信息。

● 收集详细完整的公司用户信息具有更大的难度，需要对多个群体进行采访和调查。

● 问卷调查有助于识别目标客户群。调查清单上的客户细分类型包括人口特征（年龄、家庭类型、收入和地理位置等）、公司特征（所在产业、地理位置、销售额和员工人数等）、购买模式（产品使用频率、品牌忠诚度和价格敏感度）、利益获取（价格、性能、可靠性和客户支持等）。对调查数据进行分析，便可产生细分的客户群，找到最需要你提供独特产品并对创新活动有最大回报的客户群。例如，忠诚客户占比虽小，但会定期购物，且金额很大，其价值是一般客户的 10 倍。

● 重视领先用户而不是普通用户的需求。“春江水暖鸭先知”，领先用户是那些立于市场潮头的顾客，他们会从新产品的使用中获得最多的好处。邀请领先用户参与新产品的概念设计工作，可以感知并紧跟市场新趋势，比一般的市场调研更省时，费用也更低。

第二节　深入了解客户需求

如何发现深层次的、尚未被满足的客户需求？

一、亲自成为客户

实际使用本公司或竞争者当前的和新开发的产品和服务，通过亲身体验和比较来了解客户的需求。亲自当一回客户，从顾客的角度换位思考，你可以找到客户的痛点和痒点，加深对顾客需求的理解。

二、深入现场考察

开发团队应抱着虚心向客户学习的态度，登门采访，实地观察，收集有价值的用户数据和改进产品的建议。只有置身于用户所处的环境，仔细观察用户使用产品的状况，才能真实准确地了解其生活、生产方式及文化环境，致力于解决客户最关注的问题。在操作状态或工作流程下详察客户行为会触动你的灵感，直接促使新产品或新功能特征的出现。

三、"一对一"访谈

与客户独立面谈、深度交流，可以揭示客户的细节性需求，获取客户的黏性或隐性信息。询问那些客户能够回答并提供准确、真实信息的问题，可从询问客户上一次使用产品来满足某项功能的情况入手，讨论他们获取、使用产品和服务以满足特定需求的方式，间接地发现客户期望产品所具有的功能维度。仔细记录客户说过的每句话，并将访谈中发现的困扰客户的某个问题立即转化为解决方案。

四、一线员工反馈

培训一线直接接触客户的工作人员，如销售、客服和工程人员，鼓励他们收集客户的意见和建议，从中获取对新产品开发有用的信息。

五、社交网络调研

追踪调查网络社交媒体（如微信、微博等）关于用户的海量数据和评论内容，对用户的正面和负面反应（点赞或抱怨）进行分析，挖掘其中蕴含的深层信息。

六、专业咨询公司

雇用专业的市场咨询公司进行调研，但相当费钱费时。

第三节　吸引客户参与构思

许多客户极具创造力，且不受企业和技术约束，在创意、用户价值及易操作性上都是极好的构思生成者。

创新者要主动创造条件，吸引客户参与新产品的创意构思，自觉接受目标客户群的检验。

顾客总是不断在市场上搜寻自己的爱好物，只为他们认为有价值的商品付钱。你要根据客户对需求的描述进行创新。你不创新，客户恐怕就会找别人创新或自行创新。与其被动创新，不如主动联手客户共同创新。

一、产品概念测试

● 在早期粗放构思阶段，开发团队可以将新产品构思及其功能特征设想变成一个完整的概念，用100～150个字加以描述，配发简单的草图或图片。通过征询客户的意见，来了解哪种产品概念将会获得最大的回报，以及增加新产品可能获得成功的概率。

● 运用模拟模型和计算机辅助设计图像来展示新产品概念，评估客户的兴趣、偏好和购买意向。

● 设计制作一款最简易的原型实物样品，邀请用户进行试用，根据用户反馈的意见和建议加以改进。

●客户最喜欢的构思往往出乎研发人员的意料。要在可行性研究之前进行产品概念测试，以保证不会过早抛弃潜在的获胜者。

●邀请用户提交自己设计的产品，公开展示，让用户投票选出最佳设计。用户在创新过程中投入了时间、精力和才华，这一过程本身也充满了乐趣和挑战。

二、领先用户参与

●邀请行业中的领先用户参与新产品的联合开发。

●领先用户深知新产品独特优势的意义，尤其青睐激进创新的成果，他们会积极推动定制创新。为了加速创新的进程，他们甚至会大方地与生产商分享已有的创新技术成果。

三、情景假设分析

●通过某些情景假设来观察客户的喜好，揭示哪些新产品构成要素（最终产品的规格、功能和质量等）对客户最重要，准确找到客户的偏好特征、权重以及最希望的新产品版本。

●根据新产品的最优特征组合，设定若干价位，进一步预测客户的喜好和反应，了解客户愿意为附加功能额外支付多少钱，粗略估计不同价格下的销售量和需要调配的资源量。在成本已知的情况下，摸索实现利润最大化的定价方法。

四、客户需求排序

● 邀请客户帮助开发团队筛选和再定义若干初始产品概念，根据其可行性和商业潜力进行排序，挑选出少数几个具有优势的产品概念。

● 将若干个新产品功能特征展示给客户，询问客户是否愿意购买这样一个产品，以及有多大的购买可能性(通常给客户 5 个选项的答案)。

● 删除那些明显不重要的需求和某些过于特殊的需求，集中评估最重要的前 5 项需求，弄清哪种需求是新产品开发应该关注的第一需求。

● 那些最迫切而又未被满足的需求是最有市场前景的需求，可列为企业创新的首选目标。

第四节 创新前端的必修课

了解客户需求，是创意构思的入门课，也是创新前端的必修课。

了解客户需求，本质上就是坚持以市场为导向、以客户为中心的原则。

其实，这门功课不仅仅在创新前端要做，还必须贯穿创新周期的全过程。如果你在前端多做客户需求和市场调研的功课，那么，中端和后端就可以少补课或不补课。前期付出的时间和资金不会白费，新产品的成功率和回报率将会因此而提高。反之，如果开发完成后才进行客户测试，那就变成了“马后炮”，不仅将花费更多的成本，甚至会酿成发布失败、市场丢失的大错。

一、深度市场调研

● 现有客户的需求调查只是市场调研的一部分而已。在创意构思生成阶段，开发团队不仅要认真倾听己方客户的声音，确定当前客户的需求或需要解决的问题，还要瞄准有吸引力的新兴市场，把调研重心放在可盈利的市场、客户及商业机遇上。

● 发掘利基（英文 niche 的音译）市场，即那些占据市场绝对优势的企业所忽略的或不屑一顾的某些细分市场。利基市场是小微企业最主要的目标市场和创新创业的主战场。市场调研必须细分至利基市场，识别那些尚未被开发的潜在客户需求，找到有开发价值的领域和项目，进而在细分市场上形成某种垄断性的优势。

● “长尾市场”也是利基市场，但不是一个，而是多个。小企业可以在多个利基市场上拾遗补阙，最终靠若干利基市场的总和胜出。

● 时刻关注不断涌现的新兴企业和虎视眈眈的竞争对手，注意考察市场规模、成长和竞争环境，确定所在行业的合作伙伴和配套行业的合作伙伴、上游供应商与下游客户群(消费者、零售商和批发经销商)。

二、聚焦竞争对手

● 一家企业不必与行业内所有的公司进行竞争,只需瞄准并锁定最直接的竞争对手。这些与你直接进行竞争的企业,其顾客、产品和地理区位都极为相似。

● 拆解和剖析竞争对手的产品和工艺,将己方现有产品和生产工艺一一与之比较,完全吃透对方产品的优点和长处,这种逆向反求工程有助于弥补差距、完善产品,或确保你的强者地位。

● 注意从行业报告、学术文章和全国性行业协会收集有关竞争对手的信息,了解其可能采取的行动与策略,感知潜在威胁来自何处。

● 紧盯业界标杆企业和领军人物,他们往往提前 2~3 年甚至更早就在布局。研究领先企业的产品元素、工艺要诀和商务模式,找到最佳的创新方案。

● 如果你已是领先企业,也不必骄傲自满。山外有山,人外有人。不妨将目光投向更广阔的世界,瞄准全球主要竞争者和全球市场份额。

● 留意跨界创新者的动向,将潜在或现实的威胁转变为自己创新的动力。

● 即便暂时不需要采取创新行动,市场调研也能起到某种预警作用，有时则要未雨绸缪，早期介入，提前预研，以备不测。

三、供给创造需求

● 尽管客户需求十分重要，但技术实力坚强的小公司也可以从供给侧发动创新，发挥自己的技术能力和竞争优势，研发消费者可能会喜爱的新产品，引导未来消费的新潮流，这就是“供给创造需求”。

● 技术驱动的创新者往往在自己最有实力的方面发动进攻，这是天经地义、无可厚非的。像微波炉、笔记本电脑和智能手机都是数十年前根本不存在的产品，如今这些先驱产品风靡全球而长盛不衰。

● 市场导向与技术引领并不矛盾。新产品的概念可以来自实验资源或技术突破，同时也可以在项目初始就测定客户需求，两者相结合必将大大减少创新的风险，增加成功的概率。

● 所有技术引领的创新活动，最终的落脚点还是需求，需要市场和客户为其背书，也可以与需求主导的创新活动相配合。

● 企业在保持市场敏感性的同时也要提高技术敏感度，密切注意当代科技最新的发展趋势，关注大学和科研机构的相关科技成果，关注行业高峰论坛和学术年会，这也是企业开展创新活动的一门必修课。

第五节　构思新产品

最佳创新方案从何而来？只有建立在系统收集和分析客户数据、市场态势和技术信息的基础上。在此基础上，新产品的创意构思就呼之欲出了。

创意构思是创新周期的起跑阶段，在“阶段—关口”流程中处于零号关口。

具体做法和注意事项如下：

● 公司领导授权研发团队进入创意构思和概念研究阶段，使用正确的人来产生正确的构思。

● 选择一个良好的开会环境，举行封闭式创新研讨会。开会前先分发会议简报，要求团队成员带着各自的构思和方案参加会议。通过“头脑风暴”式的激荡碰撞，获得天才的瞬间灵感火花，生成新构思和初始概念。

● 研发团队主动与相关领域的领军企业进行对话，与外部专家和行业中的思想领袖建立联系，他们可以帮助企业了解陌生技术，提供创意和关键资源，带来新的客户和战略合作伙伴。

● 对生成的创意构思进行集体筛选时，务必格外谨慎，因为团队的决策往往容易倾向于中庸的选择。

● 新构思在萌发之初都很不完善，需要不断地修改和完善原型产品。切勿轻易扼杀和埋没灵感的火花，错过那些真正具有价值却非常不起眼的新概念。

● 让创意有足够的时间茁壮成长。找准有潜力发展成为主要业务的新构思，开发核心组件来解决某些高价值的复杂问题，将新机遇孕育出业务雏形，等待合适的时机发展壮大成独立的业务分支。

第七章

阶段 2:项目界定

1. 项目筛选
2. 项目组合
3. 项目平台

今天所做的项目研判和选择,决定了企业在未来推出的商品和市场定位,从这个意义上来说,也就决定了企业的明天。

第一节　项目筛选

创意构思越多,选择余地越大。但中小微企业资源有限,必须慎重甄别,把好钢用到刀刃上。

下面这张问题清单,为企业领导者进行项目筛选和理性决策提供了多个视角。

一、顾客需求

- **市场**

▸ 谁最可能成为新产品的顾客？

▸ 市场有多大？产品会有其他的市场吗？

▸ 需要采取什么样的营销策略引起顾客的注意？

- **使用**

▸ 顾客如何使用产品？

▸ 产品能给顾客提供哪些新的便利？

▸ 顾客最有可能用哪些产品来代替该产品？

- **兼容性和易用性**

▸ 新产品能与顾客手中现有的互补品兼容吗？

▸ 新产品是否需要部分顾客学习很多新东西？

▸ 顾客如何看待产品的易用性？

▸ 产品需要顾客付出其他成本吗？

- **分销和定价**

▸ 顾客到哪里去买这个产品？

▸ 产品需要安装或组装吗？

▸ 顾客愿意为这个产品支付多少价格？

二、技术能力

- **现有能力**

▸ 新项目能增强企业的核心能力吗？或是增加企业持续竞争优势的来源？

▸ 新项目会抛弃企业现有的部分能力吗？是放弃现有的产品还是会自噬现有产品的部分市场？如果会，企业是否有策略来应付可能出现的现金流短缺？

▸ 企业拥有必要的制造能力吗？如果没有，这些能力是自己能够建立起来还是需要从外部获取（如外包等）？

▸ 企业需要雇用具有新技能的员工吗？

● **竞争对手能力**

▸ 是一个还是多个竞争对手有更好的能力开发这个项目？

▸ 如果企业不开发这项技术，竞争对手有可能开发吗？

▸ 企业能通过专利、版权、商标或商业秘密等方式来保护自己的知识产权吗？

▸ 企业应该设法与潜在的竞争对手合作吗？

● **未来能力**

▸ 新项目能帮助企业开发实现战略意图的新能力吗？

▸ 新能力能帮助企业开发什么样的产品或市场？

▸ 该项目平台能开发出新的系列产品吗？

三、时间与成本

● **时间**

➢ 完成项目需要多长时间?

➢ 企业能否第一个把产品导入市场? 技术上的领先是值得追求的战略吗?

➢ 市场准备好接受产品了吗? 例如,互补技术是否已经得到很好的开发? 顾客能否意识到新技术的价值?

➢ 如果企业错过产品的预期推出日期,会对项目的潜在价值造成什么样的影响?

➢ 市场上是否已经存在合适的供应商和分销渠道?

● **成本**

➢ 项目的成本是多少? 这个成本可能会发生什么样的变化?

➢ 制造成本是多少? 随着生产经验的积累,这个成本会以什么样的速率下降?

➢ 为使消费者适应新产品,企业需要支付其他成本吗? 例如,互补品的生产、安装费用和技术支持费等。

公司经理们可以根据这份问题清单来讨论和评估项目,给每个问题的重要性打分,确定它们的权重。

公司也可以向顾客咨询,召集一批潜在顾客,请他们按照自己的购买意愿,在一定的价格条件下对不同产品功能属性的重要性打分,供项目筛选时参考。

四、筛选要点

● 邀请研发团队全体成员参加项目筛选审查会议。

● 项目筛选与方案审定、投资立项、设计定型、产品定型、投产决策和新产品发布等，都是创新周期中的关键节点和"阶段—关口"的生杀决策点。走到这一步要停下脚步，严格执行开发流程纪律，看看有没有偏离预定目标和创新大方向，有则戛然而止，无则继续前行。

● 对较差的低价值项目说"不"，坚决中止并舍弃。这些项目只会浪费资源，让优质项目处于饥饿状态。若误选了没有开发价值的项目而仓促投产，只会造成无效投资，导致创新失败。

● 坚持少而精的原则，将稀缺资源优先集中在最具价值和潜力的项目上。高手的投资哲学是，只瞄准高价值目标，专攻自己最擅长、最能产生高价值的核心业务，并为此而保持战略性专注和定力，冷静等待最佳项目的出现，然后，用最不取巧的方式做事，以最有把握的方式取胜。

● 高价值项目的难度高，没有明确答案，付出的代价也大。但最难的问题往往也是最重要、最核心的问题，一旦解决的话，就会制造出一个潜在竞争对手无法企及的高门槛，对公司未来的发展产生巨大的推动作用。

● 创新本身就是舍易求难。求其上,得其中;求其中,得其下。瞄准月亮,哪怕失败,至少可以落到云彩上。一家公司如果忽略解决高难度问题,而一直致力于解决中低难度问题,那它最终不过是二三流公司而已。

● 高难度领域鲜有竞争者。当你目标远大的时候,反而会吸引最好的帮手或同行者。越难的项目,经济回报也就越大,一旦攻克,你将收获最快的成长、最大的成就感和自信心,也有实力和资格玩新的高难度动作。

● 激进创新难度甚高,既要学习空白区域的知识,又要探索陌生的"蓝海"市场。有关新技术的市场应用信息较少,无法准确预测项目前景,犹如行走在"死亡之谷"。审查时,对这些颠覆性技术项目应网开一面,适当宽松,避免误判而放弃了有开发前途的"黑马"项目。

第二节　项目组合

同一个创新项目,会有若干个方案供择优挑选,同一个公司,也会有若干个新旧项目并存,需要进行平衡和组合。大公司经常辖制一整套项目,小企业也可能会同时开发和管理多个项目。

拥有一个资源配置均衡、符合公司战略的高价值项目组合,是优化资源配置和实现价值最大化的一项关键工作。为此,企业要整体设计并不断调整产品组合,以避免产品组合失衡,造成无谓的损失。在优化项目组合的过程中,企业可能会遇到如下挑战:

● 创新项目抓的是未来的机遇,属于未来事件,但项目筛选和优先决策所需的大多数信息可能是不实的或不确定的。

● 项目状态和前景会因市场波动和新信息的出现而发生变动。

● 各项目的进度不同,而且都在为获得资源而相互竞争。

● 可供配置的资源有限,不能兼顾所有项目。

● 如果数据的有效性和可靠性不足,则无法有效进行项目组合。

项目组合管理与单个项目管理有相似之处,例如,都需要建立项目/方案备选库、确定优先排序、及时叫停亏损项目,都要求项目/方案的数量与公司的实际开发能力相匹配,将珍贵的资源集中到真正能让公司从市场中脱颖而出的少数项目/方案之上。

与单个项目管理不同的是,多个项目之间的平衡组合需要更高的管理艺术,要求企业不断在风险与回报、稳健与增长、短期与长期收益之间选择最优的投资组合。新项目导入过少,企业进入单调循环,容易陷入非永续经营的模式,而过多安排新项目则会导致企业的"消化不良"或发生自噬效应。因此,

高管层每年都要对项目组合进行审查,调整创新配方和预算分配:

● 所有的项目是否与企业的战略定位保持高度一致,并符合战略优先顺序?

● 活跃项目中是否包含了高价值、高回报的重点项目? 是否存在需要淘汰或升级的项目?

● 项目组合是否合理? 活跃项目的数量是否控制在企业人力和财力可用的范围内?

● 项目组合是否平衡,例如,是专一项目还是多样化项目,是长期项目还是短期项目,是高风险项目还是低风险项目,是产品平台延伸还是新产品开发平台?

● 所有的项目是否都能获得足够的研发资源的支持?

● 项目完成后,新产品创造的价值增量能否帮助企业实现预期的利润目标?

● 某些项目的撤资和人员调动会在一定程度上打击员工的士气和热情,是否在调整项目组合之际对团队和员工进行了顾全大局的教育、做好了善后处理?

第三节　项目平台

企业在进行创新项目界定时,还要考虑该项目能否获得一种新的核心技术或核心部件,以此为平台，进一步延伸扩展自己的产品线。

项目平台是指一组产品共有的基础结构，某个系列产品均可应用某种具有通用功能的物理模块。而平台管理，就是在一些常用模块/子系统的基础上，对公司的产品线或服务线进行管理，包括模块化设计和模块合理化。

其好处是：

● 使用经过验证的构建模块，可以减少新产品所需的模块数量，减少其开发风险和费用，缩短创新周期。

● 不同的产品共享通用性模块，提高了模块的重复利用率。通过模块的批量生产，企业可以获得规模经济效应，降低单位产品的生产成本。

● 利用相同的技术与通用的设备生产多种产品，可以扩大企业的产品线，获得范围经济效应。

● 利用既有平台横向拓展，可以提供市场进入的多种方式，有效地发掘邻近市场。

许多中小微企业在技术上都有“一招鲜”，它们可以将现有的产品平台改造成新产品开发平台，开发那些与现有的设计、制造和营销特性相关联的新产品，进一步提升创新的效率和效益。

如果企业平台不仅用于开发自身的新产品和新工艺，其他公司也能依托该平台来开发互补性产品，那么，这个平台就会爆发出惊人的聚变能量。例如，微信开发的小程序废掉了 APP，在不让其霸屏的同时又为其他程序员开辟了运作的空间。中国的“一带一路”战略也在搭建平台,利用“中国制造”的技术装备优势和基础设施建设经验对外辐射拓展,让沿线国家搭乘便车,共谋经济发展。

第八章

阶段3:可行性研究

1. 编制企划案
2. 筹融资
3. 研发预算

经过层层筛选,创新项目终于浮出了水面。接下来的工作,要对这个项目进行技术、市场、财务和营运方面的可行性研究,形成企划案或商业计划书。这份企划案,承载着前端规划工作的全部成果,将交给董事会和高管层审定,正式立项并付诸实施。

其实,创新前端一直都在做各种可行性研究,形成必要的概念界定,为正确的创新战略和项目决策做准备。不同的是,现在要做的可行性研究将针对这个特定的优胜项目,进行深入的、全方位的梳理和研究。

走到这一步，“阶段—关口”流程来到了一个最关键的评审点，也称生杀决策点。

第一节　编制企划案

一、何谓企划案？

企划案（Business Plan），又称商业计划书，它是在对项目调研、分析及搜集整理有关资料的基础上，根据一定的格式和要求，全面描述企业及创新项目的目前状况与未来发展潜力的一份书面材料。

一份高质量的企划案，需要重点分析和描述以下几项内容：

- **技术产品**

➢ 新产品开发现处于什么发展阶段？

➢ 新产品有哪些技术性能？各种必要的技术参数或指标是什么？

➢ 开发并制造出新产品的可能性有多大？是现有技术的重新组合，还是要涉及新的学科？

➢ 新产品是否有特色？能否提供独特的利益和引人关注的价值？

➢ 谁会使用企业的产品？为什么？

- **竞争对手**

➢ 竞争对手是谁？

➢ 它们的产品是如何工作的？

▸ 它们的产品与己方产品相比，有哪些相同点和不同点？

▸ 它们采用什么竞争策略？其价格、质量、销售渠道和客户支持如何？

▸ 它们的销售额、毛利润、净收入及市场份额如何？

● **市场营销**

▸ 目标市场有多大？是否在增长？

▸ 你的目标占有多大的市场份额？

▸ 产品售价是多少？

▸ 是使用销售代表还是内部职员？是选择转卖商、分销商还是特许商？提供何种类型的销售培训？

▸ 采用何种分销方式（广告、促销以及公关活动等）？

● **生产运营**

▸ 如何设计生产线？如何组装产品？

▸ 生产需要哪些原材料？

▸ 企业拥有哪些生产资源？还需要什么新的生产资源？

▸ 生产和设备的成本是多少？是买设备还是租设备？

▸ 产品储存、运输和配送的费用是多少？

● **管理团队**

▸ 管理团队的分工和激励机制是什么？

▸ 每位管理者的履历和背景是什么？有何特殊

才能和造诣？将对公司做何贡献？

- **融资计划**

➢ 需要融资多少钱？

➢ 资金怎么花？花完之后达到怎样的目的？

➢ 财务上有哪些风险？预期的回报是什么？

➢ 投资者如何退出并取得回报？

二、创新行动纲领

小企业有没有必要撰写企划案？当然有。

- 企划案是公司决策层审定创新项目的重要依据，关乎项目的生杀予夺，也是正式立项的凭证、准予放行的“绿卡”。

- 企划案是创新企业寻求融投资的必备材料，可用于向银行、贷款机构、风险投资者和政府创新基金筹措资金。

- 对企划案的重视，反映了决策者和团队主管的能力及远见，其撰写过程是对企业现状及未来进行全面思索和重新定位的过程，对企业发展具有战略指导意义。

- 一份好的企划案真实反映了企业未来的发展计划，是其一切经营活动的蓝图与指南，更是创新的行动纲领和作战方案。

- 一份完备的企划案是企业创新活动的管理工具，在创新周期的全过程中定期对照和检讨，有助于监控、调整和改进业务表现，规划未来的发展。

三、撰写注意事项

● 一份适当的企划案是企业真实情况和创新计划的反映，既不能流于形式走过场，更不能编织美景去忽悠投资者。

● 撰写企划案不仅要有相当深的研究功力，还要有较好的文字功底，但也不是玩弄“文字游戏”。

● 编制企划案关乎企业的全局和未来，不能让CEO一个人闭门造车，需要高管层、研发团队与各有关方面的专业技术人员、采购人员、营销人员和财务人员通力合作，共同完成。企划案是整个团队多次探讨与沟通的结果，有助于降低企业的整体风险。

● 企划案有标准格式，可以参考范本，运用软件或模板进行编写。但每个公司、每个项目都是独一无二、与众不同的，一般化的企划案虽然符合标准格式，却无法为你的项目带来深刻独到的见解，也达不到提升企业价值的目标。

● 企划案一般要求20页以上，但不是越多越好。别小看投资人的智慧，他能投资你，一定了解你所在的行业，应直接进入主题，简单明了反倒说明你有底气，能把握好关键点。

● 企划案尽量用数字与图表表述，从内容、形式到装帧设计都要讲究。酒好也怕巷子深。可以适当包装项目，但不必过度包装。

● 市场与环境随时在变，创新者的想法也在变，企划案可以不断加入一些新的元素，吸引投资者的持续关注。如果竞争对手抢先开发出新产品或新工艺，或市场出现了可遇不可求的突发机会，就要及时修改创新目标和行动方案，通过应急反应转到新的发展方向上。

● 仔细甄别投资方，附加保密声明，防止你的商业构想透露给竞争对手或竞争对手的投资者。企划案写得简单明了，可以更多地保护你的商业机密。

第二节　筹融资

一、企划案与筹融资

毋庸讳言，中小微企业编写企划案的主要意图就是筹措资金，解决制约其创新的“瓶颈”问题。一份完备而又规范的企划案，有助于各种投资者或金融机构做出正确的评判，让创新项目顺利获得资金支持。

● 投资者对一个企业或一个项目的第一印象往往来自企划案，如果连一份商业计划都写不好，那这个企业就算不上是个好企业，这个团队也算不上是个好团队。

● 投资者每天都要审阅大量的商业计划书，如何在众多的企划案中脱颖而出、博得投资商的青睐，取决于企划案的质量。许多企业融资成功率不高，不是项目本身不好，也不是投资回报不高，而是企划案编写的草率与策划能力的薄弱让投资人感到失望。那些不能令投资者兴奋激动的企划案，最终只能被扔进垃圾箱。

● 风险投资评价一个投资项目的基本标准无外乎三个：未来的市场是不是足够大，且企业是否有成长性？商业模式是否可行，或者部分已被证明可行？管理团队是否优秀，且执行力够不够强？企划案要侧重说明这三点。

● 投资者最关心的是你的企业怎么赚钱，又如何在运营过程中去保障他的利益。拿出足够的数据及其来源，向他们展示创新项目的市场潜力和企业价值，运用大量的论据来证明“值得投资”，说服其对项目进行投资。必要时可咨询专业的公司，协助完成这块相对专业和复杂的内容的撰写。

● 投资者最关注的另一个问题是你的团队。有了一支强有力的管理团队，商业模式、市场与利润都是可以创造的。

● 摘要是企划案的最后一部分，却是出资者首先要看的内容。你要从计划中摘录出与筹集资金最相干的细节，对公司的技术优势、竞争对手、营销策略、盈利模式和团队配置等作简明生动的概括。

● 投送企划案并不保证你就能获得外部资金，沟通与不断的谈判才是融到资金的最可靠保障。

● 路演是一种必要的项目推介手段，你可以展示自己，与投资人直接交流。路演一般只有 5～20 分钟，使用的幻灯片（PPT）其实就是企划案的微缩版，要求图表、数据并茂，文字解说简短明快。路演时要充分展现企业精神和创新激情，说出客户痛点，讲出投资亮点。投资人一般对其关注的行业已有较多的了解，而不一定透彻了解细分行业，你需要更多地了解行业现状，才能打动投资人。

二、融资渠道

如果企业内部无法筹措到足够的资金投入创新活动，那就只能求助于外来资金。特别是科技型的初创企业，它们的技术、商业概念和管理团队还未得到市场的认可，筹融资的成本很高，融资渠道也十分有限。

以下是科创"雏鸟"常用的融资招数：

● 银行贷款：这是传统的融资方式，但中小微企业缺少抵押物，很难得到商业银行的贷款。银行一向强调资金安全，防控风险，无法容忍创新失败，一旦失利，银行就会逼迫企业还款，因而不太可能靠银行贷款来建立一个技术创新企业。近来银行界有所松动，拥有发明专利的中小企业似可尝试知识产权质押贷款。

● 天使投资：天使投资者多为商界成功人士，热衷于对"种子"阶段的创业者提供一定的资金支持，通过占有项目股份来获取高回报。但创业者需防范鸠占鹊巢，以免技术创新成果被他人剥离或“盗卖”。

● 风险资本：风险资本属于私募股权，提供资金数额较大，与创新者实行“收益共享、风险分担”的利益绑定。风险投资家只对具有快速增长潜力的项目进行投资，支持那些已做好产品早期设计但尚不能通过自身销售收入来支撑运营的企业，特别垂青于那些敢将自身大部分资产投入一搏的创新者。一旦选定就会鼎力相助以求成功，然后通过出售公司或公开上市的方式收回投资，获取高增值回报。

● 股票市场：创新企业通过挂牌中小板、创业板、新三板、科创板和区域股权交易市场等方式公开上市，或被上市公司收购用作股市题材，实行间接上市。

● 创客集资：志同道合的“创客”、“极客”们共同筹资，合力创新。

● 网络众筹：有创意设计的小微企业可以借助网络众筹，向社会普罗大众筹集项目启动资金。此举打破了从传统投资者到机构融资的诸多障碍，但存在监管失范和知识产权被“盗版”的潜在风险。

● 政府资助：利用“双创”政策的“含金量”，争取政府支持中小微企业发展的低息融资。对甘冒创新风险的企业来说，政府提供的补贴性中长期融资是一种外部性补偿，但政府官员挑选扶持对象也会看走眼，非普惠性的扶持政策和过分倾斜的产业政策有可能扭曲市场，甚至被贪腐分子钻了权力寻租的空子。

实际上,只有少数企业家在创新过程中寻求投融资。风投对中小企业的回报率要求更严,只有少数高技术小公司获得了风险投资。许多快速成长的创业公司也不太愿意进行股权融资,宁可坚守独立自主性,期盼艰苦创业数年后能实现权益被收购的盈利前景。

第三节 研发预算

创新不是免费的午餐。企业财务部门要多方筹措、通盘调配,确保研发不差钱。

一、配足研发预算

小微企业的创新努力深受财务约束,初创企业更无多余闲散资金,而研发投资属于长期投入,短期难以见效,技术复杂的项目更是吞金巨兽。但是,企业未来的收入流又仰赖创新,创新源于当下的研发活动。如果缺钱就放弃研发,企业就没有明天,今后将更无资金投入研发。

如何突破这个“收入陷阱”,是一道考验创新企业家的胆略和智慧的必答题。许多科技型小企业的创始人,一开始是向亲朋好友借钱,借米下锅。已建立的企业,甚至不惜动用老本来支持创新项目。有一定实力的企业,可以设定一个固定比例的研发预算，即研发费用/上年销售总额（也称研发强度）。

囿于资本制约，中小企业不得不确定项目的优先级，遴选最有价值的项目。果断淘汰那些不符合企业战略或不适合长期发展的项目，集中资源用于开发少数有潜力的产品。

分配研发预算要兼顾短期的现金需求和长期发展的需要。尤其要慎重对待那些时间跨度长或风险高的项目，但若完全排除短期成本高而长期收益好的项目，会对企业的未来发展产生致命的影响。

一旦选定项目，就要敢于下重注。无论是内部创新还是外部创新，是渐进创新还是激进创新，都需要反复进行试验，验证不同的创意、技术和工艺路线，只有资金到位，支撑起关键性的创新活动，才能应对任何的试验失败与风险。对于颠覆性创新项目，不搞则已，要搞就要配足资源，放手一搏。

不仅要给足启动资金、研发资金专用，在项目的关键节点还要持续追加资源。坚持“集中兵力打歼灭战”的原则，不要搞“添油战术”，总也烧不开那一壶水。

二、节俭式创新

在创新之举掘到“第一桶金”之前，必须严控研发成本，把控烧钱速度，讲求研发实效；否则，撑不到开花结果的那一天。

须知，烧钱并不能保证更好的成果。优步、推特、脸书和Airbnb的基本模式又花了多少钱呢？资源短缺常常能催生高效而有成果的巧妙点子。企业要有独家杀手锏，但也得管住成本，研发竞争第一招便是控制成本。

财务主管要参与研发团队做初始规划，设法分析和评估创新项目的价值。除了介入项目的启动阶段，在研发周期的每个关键节点都要进行财务分析和评估。

企业欲取得一定的创新成果，必须奖励那些勇于创新、承担风险的一线研发人员。要专门为研发团队和个人设计薪酬制度，采用非同一般的激励机制，对帮助企业实现创新成果的有功之臣颁发重奖，也可以考虑给予一定的期权或股权。

总之，创新前端的风险和不确定性非常高，一路行来充满着挑战。企业领导层要把舵抓总，参透客户需求，把握科技趋势，了解竞争动向，倾听多方意见，密切关注并谋划好项目的开局。

至此，创新周期的前端规划工作已全部结束，下一步将进入项目实施阶段，那就要抓铁有痕、踏石留印，一鼓作气干下去。

创新中端：实施

创新成功是一个有待于实现的梦想，只有扬帆出征，才能抵达理想的彼岸。

创新中端就是真干实干、付诸行动的时候。创新绝不能停留在纸面或嘴上，企业在制定了自己的创新战略、识别了创新必需的资源、找到了最优的创新项目，并拟定出合适的规划后，就要撸起袖子、扑下身子，有效地组织实施。

创新前端的规划工作由概念和方案主导，表现为纸上或电脑作业。到了创新中端，虚拟抽象进入具体实施的过程。创新中端可分为 3 个阶段，分别为设计研制、测试验证和新产品发布。其步骤为：原型设计—原型研制—原型集成与测试—小试、中试验证—新产品/新工艺定型—新产品发布。

第九章

阶段 4:设计研制

1. 原型设计
2. 原型研制
3. 设计优化与创新
4. 并行设计
5. 联合设计

什么成就了乔布斯和他的“苹果”?——卓越的设计。

比尔·盖茨曾两次说过,苹果超越微软主要是靠“设计”,而并未提及当时微软占优的“技术创新”。

第一节　原型设计

原型，新产品最原始的雏形，即初始形态的样机、样品或关键部件（组件）。

原型设计，就是为新产品勾画蓝图。这是设计师为其投射创意、赋予灵魂的时刻，也是最为核心、最富想象力的创新环节。

研发团队是设计的主体，以自己的创造性劳动将创意构想变成新产品实体，实现用户对特定功能和性能的要求。设计师负责技术设计、产品设计和工艺设计，还有视觉设计、美学设计和包装设计，他们自始至终待在研发团队中，直至项目完成。

一、原型设计流程

原型设计不同于一般的产品设计，没有必要构建完整功能的最终产品，或解决产品中的每道工艺流程，尤其是组件繁多、工艺复杂的产品。它只是构建新产品中最核心元素、最关键元器件和最重要分系统的原型，使原型真实到足以供测试验证之用，并能从潜在用户那里获得客观的反馈。

换言之，设计者将原型视为一种实验对象，用以测试某种假设。他们必须批判性地思考将要建立什么，才能获得那些能够验证或否定假设的反馈。

● **方案设计**

➢ 探讨新产品总体设计方案及设计依据，确定产品用途及使用范围、基本参数及主要技术性能指标。

➢ 分解出新产品最重要的构成元素、最关键的元器件，有针对性地研究关键技术、关键元器件及特殊材料的解决办法。

➢ 对原型组件的设计细节进行研究，确定合理性能，消除冗余功能。

➢ 对各种原型设计方案进行分析比较，选出最佳方案。

➢ 报请公司高管层审核，经批准后作为下一步技术设计的依据。

● **初始设计**

➢ 绘制原型机的总体尺寸图、主要零部件图。

➢ 对造价高、数量多、体积大、结构复杂的主要零部件，对其结构、材质精度等选择方案进行成本—功能分析。

➢ 提出特殊元器件、外购件和材料清单。

➢ 对初始设计的某些内容进行审查和修正。

● **详细设计**

➢ 按照有关标准和规程，设计绘制各项原型及其零部件的工作图。

➢ 完成原型试制时所需使用的全部工作图样和设计文件。

二、从发散到收敛

首先，设计师们通过自由挥洒创意的“头脑风暴”，绘制各种概念草图来表达实现关键功能的想法，探索各种实现方案。其次，再从这些不同的解决方案草图中，遴选当前能够实现目标的最佳设计方案，用于原型设计和研制。

● **10-3-1**

先让设计师们不受限制地放飞设想，拿出 10 种完全不同的设计方案；再从中挑出 3 个上乘者，花上数月时间仔细研究，最终得出（不一定是选出）1 个最优设计方案。

● **交替收放会议**

设计团队每周召开两次会议，一放一收，先放后收。第一次是“头脑风暴”会议，不设任何的条件限制，自由地思考。第二次是成果会议，与前一次会议正好相反，设计师和工程师必须明确每一件事情，前面的疯狂想法是否可能在实际中应用。团队尽量考虑各种创意应用的潜在可能性，即使到了最后阶段，也要保留一些创造性的想法做后备选项。

● **变种的金点子**

有的高管提出的新产品设想未必就是真知灼见。即便错了，他们仍是批预算的人，你也没法不理他们。设计团队可以将每周两次设计会议上最好的几个想法交给领导层，他们只是决定，哪一个想法是自己渴求的金点子。于是，一个变种的金点子就可以交付使用了。其实，高管层（CEO、CIO 等以 C 开头的主管）对哪一个设计方案能够胜任是心中有数的，对下一步工作也有绝对的话语权，这就杜绝了新产品设计出现低级错误的可能性。

整个设计流程既民主又集中，支持发散思维，兼具收敛思维。与基于灵感乍现的设计方式相比，它能有效降低设计风险，也更适合团队协作。

三、设计要义

● 设计工作必须纳入企业战略顶层设计的轨道，确保创新目标和方向不跑偏。

● "技术情结"必须服从客户需求，主动向市场靠拢。技术驱动与市场拉动要相向而行。对设计师来说，并非消费者想要什么就给他们什么，但要提前一步搞清楚消费者究竟想要什么。先弄清客户真正的关注点，设计出他们喜爱的产品，然后引领消费新潮流。

● 优化功能组合。任何一款新产品都无法完美地满足客户需求，只能较好解决一些需求，适当解决另一些需求，无法解决其余的需求。设计团队要把握这些细微的功能差别，选择合适的技术，权衡折中，为用户设计出最合适的功能特征组合。

● 集中力量攻坚。要把最优秀的设计师和工程师配置到最具突破性或最有潜在价值的项目上，针对重大关键技术进行攻关，提出切实可行的技术路径和设计方案。

● 坚持研发型设计，求新求变，反复修改，不惜叫停推倒重来。设计师和工程师付出的辛劳、苦痛会使新产品变得更加出色，物超所值。

● 提高原型模拟设计的品质。尽可能利用电脑软件仿真、虚拟现实和3D打印技术，快速生成样件或样品，建立开发者和消费者对新产品的认知。例如，利用电脑绘制阴影、颜色和虚线勾勒，设计出高保真、高像素原型；利用3D打印技术制作原型机立体模型。这将耗费大量的时间，但会减少后期纠错、修改的时间。

● 为原型组件预留好接口，为日后的产品改装、完善和升级换代留出空间。

第二节　原型研制

原型机研制，即按照设计图样试制首批供试验用的样机，也称早期验证机。除原型机以外，某些大型复杂的部件（组件）和软件也要制造出原型进行测试鉴定。

做完初步设计后，研发团队应根据设计蓝图的要求，立即着手制作一个看得见、摸得着、用得成的新产品原型（样机、样品或样件），摸索一套与新产品开发相匹配的工艺路线和制作方法，并对原型实物进行一系列的验证测试。

研制原型的目的有两个:一是考核设计质量,考验产品的结构和性能,验证和修正设计图样,使产品设计基本定型;二是验证制作工艺,审查主要工艺上存在的问题。

原型试制要点如下:

● 高效团队在设计出原型的同时,立即着手研制样机或样品,并邀请客户和生产、销售部门参与其中。

● 原型研制可以不计成本,优先使用最好的材料。但在后续的量产过程中,须参考原型的制造过程和材料使用情况,设法节约成本。

● 原型试制的数量根据新产品类别和研制需要而定。

● 原型用于现场演示、客户测试和体验。构建原型应真实可用,能在验证阶段从用户那里获得客观的反馈。

● 针对原型试验、试用过程中暴露出来的不足之处更改设计,以求达到原定的设计指标和要求。

第三节　设计优化与创新

一、提升设计品质

● 设计优化很重要,顾客投诉与索赔的主要原因就是产品设计问题。

● 把好产品设计关，设计之初就要体现出质量、成本、可制造性和可服务性诸项优势，尽可能消除潜在的瑕疵和隐患。

● 小微公司的产品线比较单纯，设计者可以专注在设计质量和创新方面。只要你有真正好的创意，设计的过程可以让你挥洒自己的激情和灵感，体验自我实现的快乐。

二、体验式设计

● 体验客户感受：设计团队深入用户的工作现场或生活环境，询问客户需要自己做什么、为什么要这么做，设身处地体会与客户解决同样问题的感受。

● 提升用户体验：产品的价值和影响力来源于用户感官对产品感知、感受之后自然产生的额外收获。设计者要贴近用户的内心，使产品更容易被用户理解、接受和使用。

● 注重细节完善：尽量细化客户应用的场景，减少其费心思量及干扰因素，不放过任何一个能为客户考虑到的细节问题。要让每一个细节都与众不同，尽量完美，追求极致。

● 简约设计：化繁为简，方便客户使用。简单比复杂更难，须付出巨大的艰辛。

● 情感化设计：通过图形、颜色和表情等可视化设计来传递人机之间的情感及信息，博取用户的好感和芳心。

● 符合人体工程学:产品设计要适合目标客户群的人体自然形态,提高顾客使用产品的工作效率和舒适度。

三、个性化设计

● 当前流行小订单,设计对象也日益趋向数字化、虚拟及非物质。企业可以利用互联网和信息通信技术,实现远程下单,精准设计,为客户量身定制产品。

● 设计者可以将产品所有的功能划分为共性和个性两部分,分别进行设计。在为共性部分设计通用化方案的同时,也为个性部分预留位置和接口,以功能定制来满足不同客户的个性化诉求。

● 个性化定制可分为简单定制、中等定制、高级定制三类:简单定制改动较小,如修改颜色、间距或尺寸,设计者可快速响应;中等定制需要在产品上增设某个新的功能点;高级定制会改动部分产品结构,需要一定开发量来支持。

● 高级定制主要针对高端客户群。每一次设计修改,都是一个新的产品版本,可能会牵一发而动全身。越复杂的定制,对设计师要求越高、锻炼越大,设计的价值也越能发挥到极致。

四、面向制造

● 设计团队应与生产部门通力合作，使设计出来的产品便于生产，能够降低次品率和生产成本。

● 设计要兼顾现有制造能力和应有制造能力，以新产品来带动新工艺的问世，以新工艺来保障新产品的实现。

● 设计过程中应系统考虑所有与新产品生命周期有关的因素，如可制造性、可靠性、可维护性、可供应性和可测试性等。

● 设计要预留后续改进、改装的接口乃至重新布局的空间。

五、绿色设计

绿色设计，意指用自然友好（nature-friendly）的理念来设计制造产品。

绿色设计着重考虑产品的环境属性，强调产品制造应减少能耗和物耗，减少有害物质排放，产品及零部件能够回收处理与循环利用。绿色设计反映了人们对当代环境及生态破坏的反思，体现了设计师的环保意识和社会责任担当。

绿色设计的特征是：

● 安全性：设计不能危及使用者的人身安全以及正常的生态秩序，材料的使用要充分考虑到对人的安全性。

● 节能性:设计应节约用料,或使用可再生的材料。

● 生态性:使用自然环境下易降解的材料和易回收的材料,避免因设计不当和选材失误而造成环境污染。

六、美学设计

● 将美学元素纳入新产品设计,使其外形和包装符合人们的审美要求,实现时尚与科技的完美融合。

● 利用大数据分析所得的流行元素进行设计,使新产品更有品质、更加优雅。

七、设计创新

设计创新,即产品在符号、风格和意义上的突破所带来的创新。

设计创新不同于科技突破带来新需求的技术导向创新,也不同于满足消费者需求的市场导向创新,而是一种以设计语汇突破为驱动力的另类创新,以其风格、符号或象征性意义来引领时尚,创造新的市场需求。

设计创新对价值创造的驱动力不输于功能提升与科技进步的创新。风格、符号与意义上的突破性决定了设计创新的成败。

第四节　并行设计

科技型中小企业、实力较强的制造业中小企业，在同一时期往往开发多个产品。多产品、多项目的开发，不同于单一产品、单一工艺的创新，如何提高设计的效率呢？

一、异步设计

异步设计是指将产品开发分为不同的层次，如技术层、子系统层和平台层等，不同层次的工作由不同的团队设计开发，每个层次都直接面向市场。

几个设计团队一起工作时，必有交叉、重叠之处。通过科学而又严谨的项目计划，可以合理地调配研发力量和设计资源，做到有序衔接、有条不紊。异步设计开发可以提高效率，缩短产品开发周期和上市时间。

二、模块设计

每个产品的功能元素都有各自的物理结构模块，而不同产品之间存在着许多可共用的模块。模块化设计就是尽可能采用高度成熟的共用性基础模块，使之在不同产品之间实现共享和重复使用，这有利于控制产品的质量、进度和综合成本，降低产品开发中的技术风险。

三、平台设计

平台设计策略，就是围绕企业的技术特长和拳头产品来构建设计平台，依托该平台来设计、整合和开发产品线。

研制一个成功的平台很难，往往需要很长的时间。而一旦有了一个成功的平台，就可以在此基础上不断地改进改型，实现“一代平台 + 数代功能”的持续开发模式。

如果你的核心技术领先、设计平台过硬，那你只需选择开发技术资源共享的产品，紧紧围绕平台扩展经营，不必搞其他有诱惑力的项目，以免分散有限的力量及资金。即使去跨界、跨国创新，也是立足于现有平台衍生渗透。

第五节　联合设计

联合设计，通常发生在企业实施外部创新之时。无论是引进技术还是输出技术，是研发外包还是承接研发，是被人兼并还是并购他人，是合资、联盟还是网络虚拟设计，都会牵扯到设计上的对接和协作。若涉及股权合作或所有权转移，双方的设计团队还需要重构或再建。

任何一家公司，获取外部技术可以弥补其自身不具备的无形资产，减少自行研发的成本和风险。

但引入外部技术难免会与原有的产品、工艺发生摩擦冲突,如何确保外源性技术被充分消化吸收,实现有效整合和协同优势,联合设计堪当此重任。

一、明确合作性质

● 中小微企业的对外技术合作形式不少是非正式的、暂时的或局部的,无书面契约,几乎没有法律约束力。

● 研发外包和技术许可通常有详细的书面协议,具备一定的法律约束力。

● 合资属于股权合作的性质,签有正式协议,对各方权责利均有明确规定。

● 并购涉及完全的所有权转移,会永久改变公司结构。

● 不同的合作形式会给企业带来不同的技术收益和整合流程。如果合作不涉及所有权关系,不必过分强调保持一致性。

● 小而专、小而强的合作伙伴往往更适合中小微企业,友好的外部技术获取方式也比不友好的更容易取得成功。

● 无论是获得还是让渡知识资产,切勿低估其技术价值与经济价值。同时,也不要忽视构建合作开发关系的资源成本和时间成本,高估合作的潜在收益。

● 必须明确原有和新增知识产权的权益及其保

护的问题,以免日后产生争端。

二、联合设计要略

在联合设计的过程中,各方要聚焦和把控好协同程度和整合速度,尽快获得新的技术竞争优势,使可能产生的负面影响趋于最小化。

● 是否关注了所有的协同点?新技术的引入是否与本企业其他产品和工艺实现了协同优势?

● 双方有多少技术知识可供分享?彼此有没有提供产品平台?是否有效地利用了各自的互补性技术资产?

● 对各方的知识产权和技术诀窍是否采取了得力的保护措施?

● 掌握核心技术的精英人才是否会退出公司?是否采取了防止关键人才流失的必要措施?

● 外部技术是否占用了其他领域所需的资源?要不要追加资金或改变产品组合?

● 在打破原有技术工艺规范进行重新整合的同时,是否也要整合组织结构、部门关系、企业文化和信息系统兼容等问题,以避免合作初期容易产生的低效、混乱和多头管理的现象?

尽己所能地付出,将超越合作伙伴的期待,为建立战略互信与合作共赢创造条件。如果发现对方与自己貌合神离、同床异梦,缺乏共同使命,则应寻求达成共识,或抓紧退出联盟。如果发现对方素质和能力确实达不到创新质量和期限方面的要求，则应当机立断，中止合作。

三、设计团队重构

外部创新涉及股权合作和所有权关系改变时，各方研发团队的整合是重中之重。

● 重组设计团队的结构序列，确定新的任务和角色。

● 重新整合各方的设计能力和研发资源，以新知识财富的产出来衡量联合设计与合作研发的成效。

● 各方集中在最擅长的技术领域进行创新，其他研发活动可外包或与其他厂商结盟研发，以减少研发管理工作的复杂性及费用。

● 制定一个共同遵循的开发计划和界面标准，使各方设计开发的组件或模块能相互嵌入和连接，降低耦合的难度。

● 利用互联网和信息通信技术进行有效率、有效果的交流和沟通。

● 在合作过程中，要确保最优秀的设计开发人才不流失。关键人才的流失不仅会带走企业技术更新的潜能，还可能流入其他公司而变成新的竞争对手。

第十章

阶段5:测试验证

1. 原型测试:设计验证
2. 试产:工艺验证
3. 试用:客户测试
4. 试销:市场测试
5. 转产评审

新产品不仅是设计出来的,也是试验出来的。

如果说创意设计是一柄利剑,那么,试验就是为其锻造淬火的熊熊烈焰。

在研发过程中,各种测试占了很多时间。首先,对原型样品的重要零部件进行测试;其次,对组装成品进行集成测试;最后,对产品进行各种使用环境下的综合测试。通过反复测试和迭代实验,完成工业化设计的验证定型。测试验证是技术创新过程中必不可少的重要一环，它将使新产品日臻完善，最终敲定面向市场的版本。

第一节　原型测试：设计验证

一、部件测试

新设计的关键元器件或大型复杂部件是专门为新产品量身定制的，也要制造出原型实物，供测试鉴定之用。

这些部件应具有一定的可分开性，可用于单独测试。

所谓的“白盒测试”（又称结构测试），就是对重要零部件进行测试的一种方法。它将产品分割成多个功能模块，通过调节外部条件，分别对各个功能模块的工作情况进行模拟测试。针对测试得到的反馈数据，不断地调整和完善设计方案，确保各个功能模块在外部干扰或发生故障的情况下也不会受损。“白盒测试”主要为了优化设计，解决关键元器件或部件的可靠性问题，对可能存在的风险进行评估，验证原理性设计能否满足实际工作的要求，避免因设计缺陷而引起元器件失效甚至损坏。

二、集成测试

关键元器件或大型复杂部件还应具有一定的可

集成性，可组合到原型机上，进一步以整机形式进行测试验证。整机性能检测包括整机的元器件降额检测、常规检测以及兼容检测等。原型机是否通过了试验和试产，是新产品达到设计定型和取得产品合格证的必要条件。

三、软件检测

除了硬件检测，还有软件检测。软件检测包括软件的功能和性能检测。软件功能可依据产品规格书的要求，逐项进行测试验证；软件性能则需要搭建高精度的测试平台，使用软件示波器或其他辅助性软件来检验编程软件的性能是否达到设计要求，软件性能的好坏直接关系到新产品的控制精度、可靠性和稳定性。

四、综合测试

新产品必须适应未来实际工作的条件和使用的环境，综合测试就是对其环境适应性、安全性、稳定性及可靠性的一种模拟测试，也是考察和评估新产品成熟度的一种设计验证。例如，在高温、高压和高速环境下测试产品，检验产品是否存在潜在的缺陷。

综合测试包括原型整机的环境可靠性检测、安全规则检测和寿命评估检测等。高质量的产品是设计出来的，而设计的可靠性需要通过综合测试去验证。通过反复测试，验证产品成熟度达到设计要求，为企业的技术创新保驾护航。

五、利用外部测试条件

正规的实验中心通常拥有专业的检测设备，可对产品的环境适应性及可靠性进行模拟测试。这些设备具有实时显示数据、保存数据、历史数据调用等功能，为产品的设计验证与生产验证提供完备的测试。然而，许多设备非常昂贵，小公司根本添置不起，如何进行必需的测试验证呢？

利用外部已有的实验中心不失为一个好办法。若企业的地理位置邻近这样的中心，那就更得近水楼台之便。

● 利用相关的国家重点实验室、国家工程（技术）研究中心、大型科学仪器中心和分析测试中心为企业提供的服务。

● 利用高校、科研院所向企业开放的科研基础设施和仪器设备。

● 利用科技园区、科创孵化器向入驻企业开放的科研基础设施和仪器设备。

● 利用社会公益类科研院所、官办技术创新服务平台提供的设计、试验、检测、标准、技术培训和新技术推广等专题服务。

● 利用某些大型企业向中小企业开放的研究实验条件。

● 参与行业性技术创新驿站和战略联盟，邀请官方科技特派员和创业导师协助企业解决技术和工艺验证中碰到的难题。

第二节　试产:工艺验证

试产包括小试、中试和小批量试生产,这是正式投产前的三部曲。

在试产过程中,第一步是小试,根据实验室效果进行适当放大;第二步是中试,根据小试结果继续放大;第三步是小批量试生产,根据中试结果继续放大,在工厂车间里进行规模化生产。试产成功后,基本上就可以投入量产了。

原型测试和小试主要是实验室试验,由研发部门担纲完成,旨在进行技术验证或设计验证。中试和小批量试生产是测试验证的延续,旨在进行工艺验证或生产验证,主要由企业的工艺部门和制造部门负责完成。

一、小试

小试即少量试制,即在实验室条件下,运用实验室研发的成果,适当放大一定的倍数进行生产。尽管生产规模很小,但大多数工艺参数是从小试中取得的,为了确保工艺参数有意义,小试应在与中试相同或相近的设备上进行。小试初步验证了可制造性或可生产性,为下一步中试做了必要的准备。

二、中试

中试是在小试的基础上，放大一定规模进行生产，主要考察工业化生产工艺的稳定性，研究设备选型，为工业化生产提供依据。放量的倍数，视企业的工艺设备和生产条件而定。

从实验室研发到工业化生产的过程并不是简单地放大。有些实验室效果很好的试验，到生产现场进行中试时，产品状况却远非设想的状态。中试要求验证、改进和完善实验室成果，消除各种不确定因素，取得可靠的数据，使新技术与其他相关技术匹配，顺利应用到生产中。

从中试开始，新产品开发的主战场由实验室转换到生产车间，所有的测试验证工作均在接近或等同于实际生产的条件下进行。

● **验证内容**

▶ 工艺验证：工艺流程、工艺路线、部件工艺、整机工艺、包装工艺、物流工艺等。考察生产规模放大时工艺的变化，即工艺的可放大性，根据中试结果进行工艺的二次优化与调整。

▶ 工装验证：装配工装、测试工装。考察生产规模放大时工艺设备的变化，对设备进行优化与调整。

▶ 生产环境验证：环境测试、测试程序。完成相应的检定规程。

▶ 产品验证：结构验证、可靠性验证和物料可采购性验证。

➢ 对研发遗留问题进行验证。

● **中试要点**

➢ 落实中试所需的设备、仪器、人员及生产环境。

➢ 消化新产品技术指标，对整机、模块进行测试验证，把控好新产品的技术难点和环境测试要求。

➢ 及时分析中试过程中出现的技术故障，提出解决方案，跟踪解决进度。

➢ 如果原材料供应充足，可选择中试设备的最佳批量进行生产；如果原材料有限，选择设备的最小批量进行生产。

三、小批量试生产

小批量试生产是从中试到工业化生产的必经环节，是为了使研发成果产业化而进行的批量放大试生产。在正式的大规模量化生产前，制造部门将安排使用所有的工艺、工装、环境和周期来生产适当的小批量产品，直到产品质量、合格率和管理成本达标为止。

小批量试生产被视为战前的大演习、赛前的“热身赛”。试生产仍聚焦于工艺准备，以验证量产工艺和量产设备为主，目的是防止“带病量产”，消除任何有碍于量产的重大隐患，确保新产品在正常生产条件下（即生产车间条件下）能连续、稳定地达到所规定的技术参数和经济指标。

试生产可按照“1 + 3”模式进行，即先试生产 1 批，全检合格后再安排 3 批的验证。批量可以与中试相同，也可以比中试批量大，主要看未来用于正式生产时的设备规模。

试生产要将原型试验和小试所确立的流程以及中试所确认的工艺在工业生产中实现出来，试生产确定的最终方案也就是最后实际生产的基本框架。

四、团队对接：打通“最后一公里”

从中试开始，研发团队将创新项目转交给了制造部门。但在中小微企业的创新活动中，中试和小批量试生产基本上仍由研发者领衔运作，甚或归研发团队垂直管理。从技术攻关、蓝图设计到工程实现，这一切对创新者的自身能力提出了很高的要求，许多小公司的研发人员不仅要做科学家的工作，有时还要干工程师和工匠的活儿，由此磨炼出一种特有的“全能型”本事。

此刻的研发团队要再接再厉、有始有终，以免“为山九仞，功亏一篑”。他们要与制造中心、供应链体系保持良好而有效的沟通，协助做好生产线上的调试工作，及时解决中试和试生产中出现的技术问题，共同打通从创新到创造的“最后一公里”。

● 研发团队移交项目时，项目主管应负责协调所有相关的职能部门。来自不同职能部门的团队成员应管好与本部门的接口，利用熟悉业务和人脉的背景，发挥应有的协调整合作用。

● 研发人员应加强与制造部门工程师的交流沟通，提供技术支持，排除实验室成果与实际生产结果的差异性，使新产品尽量满足制造要求的条件，避免新老产品与工艺之间发生摩擦互掐。

● 研发成果转移给制造部门后，生产线上的后续工艺开发将成为创新项目的有机组成部分，或演化为一个新项目。研发团队应继续协助开发新生产线上必需的工艺设备和测试工具。

● 试产阶段是集中暴露设计中潜在问题的时刻，也是着手调整、弥补缺陷的最好时刻。但此时项目组的资源面临重新分配，开发者和生产者寻找问题解决途径时会感到沮丧。如果出现一个未曾预料的漏洞，可能会缺乏足够的人手和资源进行修复。开发者最清楚企业解决问题的能力及可能的方式，应敦促大家克服懈怠情绪，按要求进行调试，集中精力完成当前项目。

● 项目末期的文档常常有欠清晰或缺少正式记录。要完成相应的文档，归拢项目所有的文档，以便进行项目后评估和总结。

第三节　试用：客户测试

在中试、小批量试生产的基础上，可以开展试用和试销工作，加速新产品的设计、生产定型及产业化、商品化进程。

试用是客户测试的一环，体现了“客户参与”的原则，其重要性不亚于生产验证。进入中试后，新产品终于露出了“庐山真面目”，让人看得见、摸得着、用得成，能从潜在用户处获得客观的反馈，这就为客户试用创造了条件。

● 企业不仅要向客户展示关键元器件、分系统及整机的原型，让客户眼见为实，还要安排潜在的目标客户亲身体验。仔细观察客户如何实际使用新产品原型，是发现设计主要问题的最佳方式。

● 设计者应根据客户试用时的反馈和建议立即迭代产品，并向客户展示不断修改和改善的产品细节，反复征询经销商和用户的意见，验证所有能够保证产品成功的假设，确定新产品的特征、属性和规格。

● 如果创新产品过于复杂，难以在生产线上制造或为潜在客户所认知，就要设法降低技术的复杂性，或提高用户的可体验性(如可视化、可传达、可兼容)。

● 让客户实际参与从创意构思、原型设计到产品试用这一系列的螺旋式开发过程，在求得客户确认的基础上完成设计和生产的最终定型。从这个意义上来说，消费者也变成了生产者，这样的互动式创新过程打破了消费者与生产者的界线，具有强大的生命力。

第四节　试销:市场测试

中试和小批量试生产为市场试销创造了条件。新产品不仅要与生产实际相符合,还要与社会需要相一致,方能成功地走向市场。

- 试销是实时的市场验证,可以直接观察经销商和消费者的反响,市场的明确需求将鞭笞设计者做出最快的反应,修正和完善设计图纸。
- 如果企业拥有自己的销售网络,可以选择若干有代表性的网店进行试销;如果初创公司还未建立自己的销售网络,可以选择代销点进行试销。
- 通过试销,制定并验证未来的新产品销售策略,为新产品的发布上市做好铺垫和准备。

第五节　转产评审

一、新产品/新工艺定型

创新一路走来,犹如危机四伏的棋局,要求每一步棋子都落对,几乎不犯大错,这不可能都归结于幸运。

整个实验性开发和新产品或新工艺的引入,是一个持续不断、逐步到位的过程。一切都要测试,一切经过验证，创新的每一步，包括设计测试、原型测试、工艺测试、客户测试和市场测试，都要经过反复的检验，获得经验的和数据的验证。唯如此，才能避免铸成大错，实现新产品/新工艺的最终定型。

二、转产评审要点

经过试产、试用和试销，我们来到了量产的门槛前，此刻还需要迈出关键的一步——转产评审。这又是一个"阶段—关口"，而且是一个极为关键的决策点。

● 研发团队和制造部门负责人要汇总测试、工艺、工装、生产环境和物料各方面存在的问题及解决措施，形成试产、试用和试销总结报告，提交公司董事会和高管层进行"阶段—关口"评审，判定新产品能否达到大批量生产要求。

● 转产评审不仅要从技术/工艺上对新产品作出全面评价，还要进行成本测算和经济评估。公司将据此作出最后的投产决策，正式部署大规模批量化生产，直至形成实际生产力。

● 完成生产验证后，企业往往容易头脑发热，切忌没有充足理由和未经充分研究就加大资源投入，匆忙进行量产。

● 技术专家要确认新产品具有技术可行性，新产品最终能够开发出来，同时也符合企业的生产能力。新产品不宜过多地采用最新技术和工艺，创新的性质和范围应适合公司目标的实现。

● 关键权益人要确认新产品符合量产要求。公司领导层（CEO、CIO、CFO、COO等）掌握投产的决定权与资源：若产品或工艺符合创新理念与设计要求，且有利可图，便可付诸量产；若产品不符合转入量产的条件，则决定是否启动新一轮中试或小批量试生产。

● 对实现最佳制造所需资源和能力进行评估，采取短板补强措施，使企业交付新产品或实现新工艺的能力达到最大化。

● 在确定投入物和供应链的基础上对实际生产成本进行评估，列出物料需求清单及运输路径，准确核算产品的最终成本。

● 一旦通过了转产评审，公司这个创新机器就会全力发动，调配所有资源，推动新产品上马。

● 编制量产指导性文件，包括技术指标、工艺参数、标准工时和产能、注意事项和检验规范等。

● 进入大批量生产阶段后，制造部门将负责管控新产品的生产过程、工艺路线和操作规范，确保每个批次产品质量的稳定性和一致性。

三、项目终结

关口评审时，也可能会遇到一个最大的问题——“项目终结”。

有时，一个项目看起来很好，问题直到试产后期才显示出来，项目目标未能达成，也未贯彻到客户。这时，人们通常会去尝试“解决”问题，而罔顾停掉项目这样一个可能的解决方案，投入的时间和沉淀的资源使人渴望成功，而不愿承认损失以及之前的判断失误。

即便到了量产关头，放弃仍是所有创新项目的备选方案之一，该停时就要及时踩刹车。创新领导者应有壮士断腕的勇气、冷静喊停的决断、愿赌服输的精神，而又不失从头再来的坚韧。

第十一章

阶段6:新产品发布

1. 发布准备
2. 精益发布策略
3. 发布时机

发布,是新产品的一次亮相狂欢,也是创新演义的一幕重头戏。

发布,是进入产品生命周期的第一声啼哭,也是实现新产品全面商业化的开端。

优异的新产品要发布到精心规划的市场上去交易,其最终命运取决于市场,这意味着它将在市场上完成"惊险的一跃",实现其货币形式的价值转换。

第一节　发布准备

●发布活动要精心构思、妥善安排，以增强新产品的盈利能力。发布是创新成功的重要环节和有机组成部分，完善的营销计划、有效的售后服务则是发布活动的重中之重。

●在新产品测试阶段开展的试用、试销工作，为正式发布探了路、摸了底。在确定客户购买偏好、划定细分市场区位的基础上，公司要设计市场进军计划，包括定价、广告、宣传活动和客户管理等。

●发布通常是新产品开发流程中费用最高、风险最大的阶段，对发布活动应给予必要的资源支持，配备人员和促销资本。

●执行发布者包括销售、技术支持和其他一线人员。为了专业化地执行发布，要根据市场预测物色足够的销售人员，对其进行业务培训，制定奖励机制来提升员工的销售业绩。没有训练有素的销售人员，企业就无法成功地销售新产品。

●研发团队应介入发布活动。研发团队可以缩编，但不要匆忙解散，他们对新产品的信息、背景及市场定位有着充分的了解，应授权其与产品线经理合作，将新产品加入产品组合，投放到市场，对产品生命周期进行有效的管理。

●大众传媒和口碑策略在很大程度上影响新产

品的率先使用者和早期使用者，也会间接影响早期和晚期的多数消费者群体以及最后消费者群体。企业可以利用公司网站、电商平台、微信公众号和定制创新端口等社交媒体，强化品牌推广和产品普及，收集客户反馈，分析市场情绪，改善售后服务和技术支持，提高新产品的营销效果。

第二节　精益发布策略

一、柔性供应链

发布新产品需考虑供应链的容量和弹性，对市场上出现的需求变动作出快速反应。建立柔性供应链，既能支持成功的新产品发布，也能将发布失利的损失减至最小。这就要求原材料供应商、制造商、物流和运营之间进行密切而又精确的协作，尽量缩短交货期，延至最后一刻作出生产决策，使新产品能按订单推出，减少脱销或压货的风险。

二、精益发布要点

新产品发布的最大难题在于如何按照市场需求来确定合适的发布规模，使产销接近于市场的真实规模。但市场需求往往无法准确预测，如何才能做到精益发布呢？

- 强化市场监测评估：密切跟踪和监视销售网

点的走势，逐步探明市场反馈的真实需求量，依靠柔性供应链来微调企业的生产规模和分销节奏，对销售波动作出及时响应。如果是快消品，产品上市伊始即可马上评估；至于 B2B 产品，可等到领先客户早期试用后再收集和评估数据。

● 分辨市场接受度：新产品的普及率和接受率在不同的市场区域中是不同的，如果因市场热销、交货期长、库存不合理、物流跟不上而发生脱销现象，新产品就发挥不出全部潜力，甚或错失销售良机。

● 依托柔性供应链：柔性供应链能够支持精益发布，按照客户订单来生产制造，让新产品最大限度地畅销于市场，抵消制造、库存和促销的启动成本。为此，要求研发团队与运营团队在生产制造、分销物流和品牌管理诸方面精确协作，一周 7 天、一天 24 小时地精准销售，使在制品的库存量最小化，实现从订货到发货周期的无缝连接。

三、全球化产品发布

● 以国际市场为目标的新产品，比面向单一国家的产品更有市场。全球化产品发布时，应考虑有英文、法文、西班牙文等多种版本，中文字体分简、繁体，以适合不同国家和地区的需要。

● 为发展中国家新兴市场的中、低端部分开发新产品，要从零开始设计能满足当地需求的全新产品，不搞花哨的高科技元素，只保留最必要的基本功能。

● 产品价位以可负担为准,其成本要与当地的平均收入水平匹配。

第三节　发布时机

对新产品入市来说,发布时机要精准拿捏、把控有方。

● 抓住有利的"市场窗口"进行发布,准确把握销售季节,选择合适的展销会推出新产品。

● 企业只有在具备新产品/新工艺的开发能力之后才能启动营销。如果过早发布而未能及时推出新产品,人们就会对企业的创新能力产生怀疑,影响公司的声誉。

● 研发团队应对项目完成期限做出承诺,保证新产品在预定的价格和成本范围内,按照预定的时间准时上市。

● 鼓励并支持研发团队缩短开发周期,节约研发资金,减少企业的资金成本。新产品入市时间越早,含金量越高。领先用户通常对研发周期有严苛的要求,在某种程度上,时间因素带来的优势甚至超过了性能的优势。

● 天下武功,唯快不破。以领先于行业的创新步伐取得竞争优势,打好"时间差",是创新取胜的关键。尤其是技术周期变化较快的行业,动作慢的公司会被技术升级换代的速度拖垮,以至于来不及收回沉淀的研发成本。

● 技术发展存在着路径依赖和黏性现象,某项技术一旦夺取主导地位,便会引导产业未来的技术走向,后来的技术再优秀也难以立足市场。新产品并不要求一下子就十全十美,在发现产品瑕疵或技术升级换代时,快枪手总能迅速改进和升级产品,抢先攻占市场,赢取更大的市场份额。

● 缩短创新周期固然可喜,但抢速度绝不能以牺牲质量为代价,否则会带来快速的失败。

创新末端:发布后管理

新产品发布标志着创新项目进入末端。在收尾阶段,需要做好三项重要工作,即项目总结考评、申报知识产权和参编行业标准。

在收尾阶段,研发团队除协助制造团队调试生产线、实现批量生产,协助营运团队开拓新市场、做好营销工作外,其主要任务是打扫"战场",清点战果,以利再战。其中,最重要的工作就是撰写项目总结,提交最终报告,调整人事资源。

第十二章

阶段 7:发布后管理

1. 项目总结
2. 自我考评
3. 申报知识产权
4. 参编行业标准

新产品发布标志着创新项目进入末端。在收尾阶段,需要做好四项重要工作,即项目总结、自我考评、申报知识产权和参编行业标准。

第一节 项目总结

项目总结工作常常被人们疏忽,其原因如下:

● 创新参与者忙于进军下一个项目,未能完成项目收尾工作。

● 项目组成员来自不同职能部门，会分心考虑自己今后的去向，新任务带来的新鲜感也会使其忽视现有项目的评估总结。

● 项目主管的时间不允许进行项目后评价。

● 项目文档未得到良好的维护和管理。

● 有人记忆力欠佳，或不善于归纳项目中发生的问题和解决方案。

● 有人认为每个项目有其独特性，提取出来的经验教训不具有普遍性。

研发团队应认真对待项目总结工作，通过项目后的反思和评价汲取经验教训，以利于未来的创新项目和企业发展。

一、文档管理

创新项目的文档，是保留企业技术资源的基础，也是创建企业信息收集系统和技术创新数据库的内容之一。

● 项目收尾时，研发团队应归拢所有的项目文档，包括研发日志、日程安排、财务预算、生产成本、资源分配、文档使用及目标完成情况。

● 对项目全过程实行文档化管理，完成所有相应的文档。制作文档时，要将项目原先的目标、设计及日程安排与实际结果进行比较，看看最终产品或工艺与目标及设计有多大差距，为项目总结、审计和结项做好准备。

● 所有重要文档均用信息技术手段予以固化，存入企业数据库以备随时调用，以加快今后开展技术创新与研发管理的步伐。

二、最终报告

项目组撰写和提交的最终报告，通常包含以下内容：

● 项目回顾，包括原始计划和任何重大修订。

● 全面分析创新项目的流程。

● 总结主要的成就和成果。

● 评估结果是否达到目标，对差异作出解释。

● 清算全部预算（财务、时间及资源），对差异作出解释。

● 单独、准确地评估研发团队的管理和绩效。

● 列举需进一步研究的问题或任务。

● 总结经验教训，用于今后类似的项目。

● 对改革的建议。

项目总结报告不仅要讲成绩，还要讲失误和意外。从失败中学习，可以学到更多、更深刻的东西，革新今后的新产品开发流程，提升企业在多变的市场上参与竞争的能力。

第二节　自我考评

新产品发布之后1年或18个月，公司高管层应反躬自省，对创新项目进行自我考评。

一、创新绩效考评

考评创新绩效，主要是比较研发的实际产出和预期产出，能否根据市场的反馈和需要进行及时调控。可度量的考评指标有三个：

● 研发投资效率，即项目投入资金与项目收益的比率。

● 新产品收入比率，即新产品收益占总收入的百分比。

● 被废弃的项目数量，即有多少研发项目已经过了计划阶段但还没有上市就被放弃淘汰了。

对研发团队考评的具体指标是：

● 新产品上市时间，是否在立项时承诺的期限之内。

● 新产品盈利时间，即从创意构思到税前盈利的时间。

● 共用基础模块的使用率，即新产品开发中重复使用已有资源与成熟技术的情况。

需要注意的是，度量创新成功的绩效尺度应超越简单的当下销售额和利润，因为它们很少能反映长远和未来。

二、战略方向把控

● 把握创新的方向性。研发全过程是否做到了不忘初心、不偏方向,按既定战略目标有效和有序地展开？新产品的市场定位是否正确、真正符合客户需求,并在相当长一段时间内不过时、不落伍？

● 把握创新的可行性。创新所用的技术、经费和研制的周期是否切实可行？

● 把握创新的可组织性。从事研制和生产的组织和管理方式是否合适、有效,并最终满足了市场需求？

● 当竞争对手抢先开发出新产品/新工艺,或市场出现了可遇不可求的突发机会,企业是否及时修改了创新目标、校正了行动方案,通过应急反应转到新的发展方向上？

三、创新质量控制

● 抓住“两头”。企业是否在研制之初既制定了技术要求,又抓好了设计或技术的最终定型？新产品的构思是否奇特,在技术和性能上具有一定的先进性,且符合企业现有的基础条件、承受能力和学习能力？

● 反复验证。企业在原型试制后是否进行了充分的测试,并检验了设计方案的可行性？对研制过程中出现的品质问题是否及时做了改进？

● 后程控制。新产品是否通过试产和量产克服了瑕疵、改进了工艺？是否根据试用、试销获得的客户反馈进一步完善了最终产品？

四、财务投入监控

● 在全面开展创新前，是否测算了市场规模、利润空间以及利润率？

● 有限的资源是否投到了具有较高回报的项目上，保证了最终的盈利？

● 在资金调配到位后，能否控制整个创新项目的研发、生产和营销成本？

五、项目时间调控

● 项目时间表是否明确了启动时间和目标完成时间？是否按预定时间将新产品投放到了市场？

● 是否对那些时间跨度最长、技术难度最大的环节进行了重点跟踪，确保创新任务按期完成？

● 是否采取了加速开发进度的方法？例如，从外部获取技术，实行合作研发；研发人员一身多任；并行开发，缜密部署与协调各项处于不同阶段的研发工作。

● 高管层是否参与了所有重要的创新决策，充分发挥了小公司信息沟通流畅、柔性快速反应的特长？

第三节　申报知识产权

并不是每项创新的成果都要申报专利，但创新者必须从专利战略和竞争优势的角度来考虑是否为创新申请专利。

一、专利战略

坦率地说,发展中国家的中小微企业欠缺“专利文化”,有限的资源常常限制其获得产品或工艺专利。发达国家的中小企业的专利文化也不是很普遍。

不少小公司的技术创新颇有成就,但在专利方面乏善可陈,获得国际专利者寥寥可数。培育中小微企业的专利文化仍是各国政策制定者面临的一项挑战。

小公司制定自己的专利战略,并不是锦上添花,更不是画蛇添足。

- 专利技术是企业最重要的无形资产,构成其核心竞争力,有助于企业增强技术竞争优势,向新领域和新市场进军。
- 无论是自用、许可、转让还是入股,专利技术都会给企业带来可观的投资回报和经济利益。
- 创新者很难排除他人从已开发出来的知识资源中受益,而专利法可以防范抄袭模仿行为,有效保护创新成果,阻止其他公司的跟踪研发和专利申报。
- 在初始融资轮次,专利技术提供了一种解决市场早期披露问题的机制,有助于战略投资者认可企业发明的价值。

● 专利技术可以作为公司对外商务洽谈的价值凭证和“谈判筹码”，帮助企业获得大型客户的订单或银行的质押贷款。

科技型小企业申请专利尤为紧要，它们大多会将技术许可给大公司，以便利用后者雄厚的资金实力、生产能力和营销渠道。当然，也有一些科创企业宁可独立自主进行研发、生产和销售，避免对大公司形成依赖关系。这样做的风险很高，但新产品销售产生的利润将会全部归己所有。

二、专利倾向

专利倾向是指专利数量/研发费用的比率，以专利衡量创新产出，强调研发的结果，或产生发明专利的可能性。

研发强度也是测量创新活动的常用指标，即研发投资/每次营业额或总销售额的比率。研发强度不影响专利倾向。

中小微企业的专利倾向体现出了其创新活动的特点。

首先，专利倾向因企业而异。

● 专利倾向取决于公司规模，企业规模越大，专利倾向越高。

● 老字号公司的专利倾向一般高于初创公司。

● 拥有独立研发部门和专职研发人员的公司会有更多的发明专利，原创性研究也比较多，对后续的技术演进影响更大。

● 研发型企业的专利倾向较高,其注册的专利数量与研发投入成正比。

● 一家技术领先的企业,如果该技术的逆向工程比较容易,该企业为了不受低成本仿制的威胁,更有可能去获取专利,否则会遭受更多的损失。

其次,专利倾向因行业而异。在不同的行业,每项研发活动所产生的发明专利数量存在着差异。

再次,专利倾向因创新类型而异。产品创新比工艺发明更需要专利保护,因为后者实行逆向工程的难度更大,故产品创新的平均专利倾向高于工艺创新。

最后,专利倾向因研发设施的远近而异。企业越靠近可以利用的研发基础设施或政府设立的公共研发设施,便越有研发上的区位优势,从而有更高的专利倾向。

三、知识产权类型

知识产权一般有四种类型,即专利、商业机密、版权和商标。发明者的知识产权获得国家的认可和法律保护,其他公司不得随意使用,否则无人愿意投入资源从事研发工作。

● **专利**

➢ 一项技术发明申请专利的必要条件是具有实用性、新颖性和创造性。并非所有的发明都要申请专利，也并非所有的发明都会被授予专利。

▶ 专利保护的对象一般都是对已有技术的改进，如果你的发明使用了其他受专利保护的技术，专利持有者可以拒绝你实施该发明，违者便是侵权。

● **商业机密**

▶ 商业机密，也称技术诀窍，是一种特殊形式的知识产权。一个公司的配方、工艺、设备或资料汇编都可以成为商业机密，只要这些想法和信息未被公开，处于保密状态，且为企业带来他人无法获得的优势，就可以受到商业机密法的保护。

▶ 商业机密的发明者不能禁止任何人通过独立思考或逆向工程来实施该机密。

▶ 为了保护自己的商业机密，企业可以与客户签订保密协议，限制后者对受保护的机密进行独立开发。

▶ 由于申请专利需要公开产品或工艺的详细信息，因此，某些创新企业更愿意采用商业机密的形式来保护自己的知识产权。

● **版权**

▶ 原创作品无论采用书面形式、音像形式或软件形式，也无论是否出版，都受到版权保护。

▶ 版权为想法表达提供保护，允许持有人控制相关内容的再创作，限制相关内容的衍生内容。

● **商标**

▶ 商标是持有者为识别其产品或服务的来源而

使用的文字、标识或设备，让用户在使用带有商标的产品时能区分其具体的来源、产地或生产厂商。

▶ 注册商标持有人必须在商业广告中持续使用商标，监督未经授权滥用商标的现象，否则会失去商标权。

四、知识产权保护策略

● 科技型中小企业必须提高知识产权意识，完善专利管理制度，培养这方面的专业人才，学会知识产权信息的查询与分析、专利申请程序、专利保护及纠纷处理。

● 在投资开发项目之初就开展相关的法律调查，弄清即将使用的技术是否已有他人的知识产权存在。要确知竞争对手的专利是否涵盖了己方行将推出的新产品，新产品使用的商标是否已被别人持有，以免遭受侵权起诉的风险，或支付大量的专利许可费，否则就要重新设计产品和商标。

● 聘请有资质的专利律师，向其提交“专利申请书”和“权利要求书”，权利要求应尽量宽泛而又具体。让律师对“现有技术”进行搜索、分析和清算审查，确定公司专利权利的界限和范围。律师将确定其他机构或个人是否发明过你的发明中的某一部分并申请过专利，会不会对未来新发明产品的发布构成障碍，有没有办法绕开或消除这些障碍。

● 专利权政策规定“先申请先得”，专利申请应尽早提交，以免他人捷足先登，抢先注册。

● 参加贸易展的新发明产品应提前申请专利，因为发明一经公开展示便不再具有新颖性，也就无法在国外获得专利。

● 设计专利是专门为产品的外观设计提供保护，获取速度快，费用比较低，是创新者阻止竞争对手仿造自身产品设计的利器。如果一项独特的或含金量较高的产品设计有望在未来市场上畅销，采用设计专利策略尤有价值。

● 企业在雇佣合同或顾问合同中明确规定，所有由员工或顾问在工作期间产生的发明或存在版权的作品均属公司财产，所有与这些发明或作品有关的知识产权须转交给雇主或所在公司。

● 公司与其他企业或机构联合开发项目时，应事先签署一项知识产权协议，列明所有可能在项目期间或结束后出现的问题。例如，各方为该项目提供的知识产权清单、项目结束后各方实施发明成果的权利、各方对项目期间产生的知识产权的所有权、谁负责申请新产生的知识产权、各方是否可以未经他方允许就授权第三方使用该知识产权等。

● 仔细权衡是申请专利保护还是商业机密保护的利弊。如果新发明的技术在两三年内就可能过时，那就适合采用商业机密保护，不必花钱申请专利；如果该技术的市场价值很高，极易被逆向工程破解，那就最好申请专利保护。

● 公司可以将知识产权与非知识产权的保护手段结合起来使用。例如,与上下游合作伙伴签订协议,互相承诺提供彼此的业务优势,限制竞争对手进入己方市场。

大公司常常通过收购小公司的方式获取技术,怀有某种绝技或某项特长的技术型小公司成为其"并购"对象。待价而沽的小公司需要考虑以下几个问题:

● 己方的技术资源和开发能力是否为大公司所必需?在对方的供应链和价值链上处于什么位置?

● 对方收购的目的是予以利用、付诸实施,还是束之高阁、防止技术扩散,以消除隐性的竞争威胁?

● 商业机密或技术诀窍是否会被潜在的竞争对手窃取?

● 能否掌控开发过程和创新成果?

第四节　参编行业标准

如果企业在所在行业中具备领先优势,也拥有商业化潜力巨大的专利技术,就应该积极参与制定行业标准、国家标准乃至国际标准,在更高层次上和更大范围内推行自己的专利战略。

企业没有直接制定行业标准的权限,但可以参与政府有关部门主持的行业标准的编制工作。参与制定或修订标准的企业,规模不一定很大,但一定有某项或某类产品名列前茅，或在技术或工艺上别具一格。只有那些在业内享有较高声誉、技术得到市场充分认可的企业才有资格参与制定标准。

行业标准的起草过程较长，一般都是一年以上，历经计划、准备、起草、审查和报批等阶段。

参编行业标准对企业的意义何在？

● 一个公司的专利技术若被选为主导技术，并写入行业标准，整个行业的研发路径、生产投入以及未来几代产品的走向都会向它看齐，在产业发展中形成技术路径依赖，其他的技术发展方案就会面临被淘汰出局的危险。

● 参编企业极有可能将自己的专利技术或对自己有利的技术参数设定为行业标准，因而有可能以拒绝许可或收取高额专利许可费的方式来碾压竞争对手，或者以免费许可或收取较低专利使用费的方式，有选择地让某些同行企业使用已嵌入标准的专利技术，形成竞争强势。

● 主导制定标准的企业掌握着行业话语权和技术主导权，短期内可以赢取近乎垄断的利益，而其他公司不得不遵从标准，非但无法收回技术原创过程中已投注的大量成本，还有可能被市场拒之门外。

● 企业在参与制定标准的过程中掌握了行标的核心内容，可以提前把脉、调整企业的发展方向。例如，提早调整原材料、零部件的采购，避免技术指标不达标而造成浪费；提前让客户知晓产品或行业动向,在投标中夺得市场先机。

● 对标准制定起主导作用的企业,通过无形的标准彰显了有形的实力。许多政府重点工程的优先建设权、入围设置权和标的设计权,会特别邀请标准起草企业和专利持有企业参加合作。

目前,政府有关部门重视吸纳科技型中小企业参与有关技术标准的制定工作,鼓励它们根据产业发展需要联合制定技术标准。新兴产业中许多技术标准尚未设立,也使小企业有机会参与行标编制工作,引导并规范所在行业的发展方向及市场行为。创新企业的专利发明技术为了破解"阳春白雪,和者盖寡"的尴尬,可携手多家企业构建技术联盟,力推自己的技术上位,使之成为主导技术和行业标准。

—·第三部分·—

营销与服务创新

新产品是技术创新的结晶，它能否博得客户的青睐，与营销和服务的创新密不可分。不仅市场营销和售后服务必须在创新之列，而且与技术创新直接相关的设计、研发和智力服务亦然。

让我们继续追踪新产品和新服务走入市场、实现价值的足迹。马克思早就预见到："从商品到货币是一次惊险的跳跃。如果掉下去，那么摔碎的不仅仅是商品，还有商品的所有者。"

第十三章

营销创新

经历了九死一生的技术创新，一家企业终于修得正果，可喜可贺！

新的、更大的问题接踵而来：如何为自己的创新成果赢得客户、开辟市场？

唯有市场创新、营销创新。

创新开发流程宛如“一条龙”：自创意构思始，涵盖产品设计、工艺设计、生产制造、标志包装、运输营销，直至将最终产品传递到用户手中，作为最后一环的营销和售后服务自然也在创新之列。只有技术创新能力，没有市场营销能力，新产品是不可能获得最终成功的。

第一节　赢得用户

赢得用户，获得其认可和赞赏，真正变成他们的采购决策和行为，乃是创新技术实现价值最大化的不二法门。

一、技术总效用

采用新技术、新工艺生产出来的新产品能否赢得用户，关键在于新产品为用户创造的多维价值。

- 技术本身拥有的价值，即功能性、性价比、易用性等；
- 用户规模带来的价值，即产品在用户之间的通用性；
- 配套产品带来的价值，即配套产品的兼容性、易得性。

用户看重的是新技术的总效用或总价值，并会与市场上的现有技术作一番比较。新技术的总功效只有超过现有技术的总功效，才会博得顾客的首肯和青睐。如果一项性能先进的新技术带给消费者的总体价值低于现有技术，仍旧取代不了市面上通行而功能相对落后的技术。企业必须为用户创造新价值，给顾客带来更高的总体价值，舍此便无法获得较高的附加价值和财务收益。

如何提升新产品的总体价值呢？

● 研发全程与客户保持密切沟通，以客户需求牵引技术创新。放任技术主宰一切，工程师们就会盲目追求技术驱动式创新，疏远或漠视客户，而任由营销人员统揽大权，也不利于技术的发展。

● 吸收领先用户、潜在用户参与新产品的初始规划，根据客户对需求偏好的描述进行顶层设计。

● 塑造新产品在市场中的相对优势，既要比竞争性或替代性产品有更高的性价比，又能与本公司以前的产品较好地兼容。

● 赋予新产品鲜明的特色。新产品也许在本质上与老产品相同，但在质量、外形、功能、规格和颜值等方面要明显优于后者。

● 大张旗鼓地宣传新产品，让消费者对新产品未来拥有高用户保有量抱有信心，甫一上市便能带来大量用户。同时，设法让顾客耐心静待本公司新品上市，而推迟购买其他公司的同类产品。

● 确保配套产品供应。争取获得配套品制造商的支持，让新产品用户及时得到互补产品。

二、用户体验与期望

新产品不仅为客户创造使用价值，还要为其创造心理价值。顾客和分销商对新产品的认知度、接受程度以及对新技术应用于生活的期望值，均属于心理层面的价值观。技术创新不仅要击败竞争对手，还要为顾客带来实际价值和心理价值，才能真正影响其购买决策，而不去光顾其他厂商的产品。

创新者既要参透技术，又要参悟用户，了解新技术能给顾客带来什么不同凡响的感受。没有对新技术的公共认知，缺乏令人惬意的用户体验，新产品的价值必然大打折扣。顾客对某一技术的感知和期望与该技术提供的实际价值是等量齐观的，甚至更为重要。

市场营销，正是塑造用户认知与期望的最佳利器。

● 提供样品或免费试用，增强用户对新产品的认知体验。改变技术型产品常有的冰冷感觉，让消费者为之怦然心动。

● 注重新技术的人性化和易用性，避免用户引起不必要的困惑而敬而远之。

● 网上销售能远距离接触市场，但网购者无法亲眼看到、亲手触摸货品，运用虚拟实景（VR）技术可以营造更逼真的购物环境和氛围。

● 运用热线电话、电子邮件和网络视频等方式，为用户提供技术支持。

● 抓住领先用户和早期使用者。时尚先锋人士甘冒风险，愿付高价，追求技术先进性，甚至可以接受新产品的不完美之处。他们更偏爱个人定制，重视技术支持。为这部分人做好售前、售后服务，可以让他们掀动消费新潮，吸引更多的后来者。

● 公司的声誉、品牌和形象会影响顾客、分销商和配套品供应商对新技术胜率的估计。公司以往的商业成功、技术造诣与创新记录，是其衡量新产品性能和价值的重要指标。

● 大胆而又不可逆转的实质性投资，彰显公司破釜沉舟、志在必得的决心，可以增强企业对客户承诺的可信度。

顾客之所以拥抱新技术产品，源自技术总效用、感知体验及价值期望，其价值主张具体表现为质量、功能、价格、品牌、易用性、兼容性和配套性。企业既要抓住创新本质，利用技术创新来提升技术总效用，又要兼顾客户特质，利用营销创新来塑造新的认知和期望。

在新兴经济体市场上，消费者的平均收入水平不太高，却常常乐于享受技术创新的成果，对价格也十分敏感。与大公司相比，中小微企业深具草根本色，更贴近市场，在对接本地品位、找准行业痛点和夯实顾客价值基础方面更有优势，能够更好地满足市场需求，博得用户的垂青。

第二节　创造新市场

发掘对创新技术有迫切需要的新市场，是企业创新征程上的“最后一公里”。中小微企业需要针对新产品的市场特性，创造一片属于自己的市场新空间。

一、利基性

美国管理学家托马斯认为:“不要老想分享市场,而要考虑创造市场。不是取得一份较大的馅饼,而是设法烙出一块较大的烙饼,最好是烘烤出一个新的馅饼。”

新产品注定要开辟属于自己的新市场,也许是从老产品市场中细分出来的,也许是从未有过的新兴市场。

科技型中小企业通常专注并致力于特定产品的创新,如软件、机床、科学仪器和专用化学品,大公司纵有研发优势,也奈何不了小企业为特定客户定向研制的“特异功能”。但中小微企业会遇到新产品商业化的难题,市场进入的壁垒远大于技术因素,而取胜的关键就在于找到细分的利基市场,从用户体验中全面受益。

对小企业来说,新市场的本质特性就是利基性,它们是那些小众市场、缝隙市场和长尾市场,即流行市场中的缝隙、主流产品中的另类、大宗商品中的尾巴。这些大公司不屑一顾或无力涵盖的地方,恰是中小微企业的天然战场。小公司应选择产业链、供应链和价值链的某个特定环节进行创新,尽可能在初创期避开与大公司的正面交锋。

瞄准利基市场进行技术创新,原本就是中小微企业从事研发活动的原点和重点。“烘烤”利基市场这块“新馅饼”的要点是：

● 精选市场覆盖面。将市场细分、定位至利基市场，全力以赴寻求并确认新的市场机会。

● 深耕长尾利基市场。尽管每种商品的销量不多，但多个利基市场的销量总和却是一个大市场。

● 超越公司原有的产品线，在新的细分市场中销售新产品，营造新的市场区隔和发展空间。

● 采用模块组合的生产方式，克服小众市场销量小的限制。企业只需很少的研发投资就能做到批量化生产模块，赢取规模经济效应，又可以灵活变换生产个性化产品，为细小的利基市场提供服务。

● 到了技术生命周期的晚期，利基市场会渐趋饱和，终将被下一代新技术替代。进入衰退期后，企业应不断调整产品标准、生产工艺以及供应商、顾客和分销系统，提前储备下一代技术，面向新的利基市场培育再次突围的能力。

二、开放性

对创新产生的新技术是实行保护还是扩散，哪一个更有利于开拓市场？

乔布斯的苹果平板电脑和智能手机的操作系统完全封闭、自成一统，比尔·盖茨的微软视窗软件半封闭、半开放，马斯克的特斯拉电动车专利全部开源、允许自由共享，百度公司向所有合作伙伴免费开放无人驾驶技术平台，这些不同做法的背后，各有各的诉求，各有各的门道。

开发者实行技术保护，旨在独享和扩大自己的专属市场：

● 技术归公司独家所有，只有开发者能合法使用或扩展，其产品与别家产品或部件不兼容，他人无法染指自己的市场。

● 开发者凭借技术的完全拥有和专利保护而获得垄断租金，技术收益可尽收囊中。

● 开发者可将盈利所得用于技术升级换代，资助或投资于配套品厂商，在深度和广度上拓展自己的市场。

● 开发者强势掌控技术平台，主导制定行业标准，引导未来的技术演化路径。

技术保护也有弊端：产品价格高、品种少，不能同其他厂家的产品兼容，因而用户不愿意采用；如果其他公司也拥有该项技术，相互竞争的结果可能会丧失长期利益；如果缺乏足够的资源来开发和推广这项技术，严格保护只会阻碍技术的广泛应用，引致业内强力反弹，该项技术将被很快抛弃或变得更加开放。

技术扩散则反其道而行之，开发者并不过分保护技术，通过许可使部分技术开放，有的甚至完全开放，允许无偿使用。从长远来看，一定程度的技术开放并不见得丢失市场，反倒可能创造市场，甚至是更大的市场。

● 技术开放会激励同行企业参与生产活动，加快新技术的采纳、推广和改进，增加该技术成为行业主导技术、为原创公司带来垄断租金的可能性。

● 多家公司同台角逐，将驱使技术价格下降，增强对用户的吸引力。

● 配套品制造商受技术开放后用户增加的鼓舞，竞相开发互补性产品，加快新技术被大众接受的步伐。

● 新技术被采纳越多，就越有价值，不但能给创新企业带来学习曲线效应、外部溢出效应，还有可能造成所在产业规模报酬递增的有利格局。

● 开放技术将得到众多民间发明爱好者的响应和支持，获得额外的人才和技术资源，使原创技术得到进一步完善。

● 技术扩散的最高境界是，新技术平台成为原创公司和其他公司开发新产品和新工艺的共同的基础平台，吸引大批企业来开发衍生产品、互补产品或组合产品，平台的力量也将随核心产品或部件模块的广泛应用而增强。

不过，公司扩散技术会牺牲部分的短期收益，也会有其他的成本和风险：外部开发者将不请自来，各行其是，导致重复劳动，形不成统一的技术版本；潜在竞争对手有可能习得诀窍而后来居上，致使原创公司失去技术主导和收取租金的机会；技术开放引发的竞争有可能将技术价格压低到无法收回研发成本的程度，导致无人愿意进一步开发该技术；不同的厂商自行改进技术，采用不同标准的版本，使原有技术平台轰然崩塌。

创新企业对外技术授权需要寻求一种精妙的平衡，既要足够开放，吸引开发商的支持，又要足够严格，控制其数量和质量。公司可以在有效掌控核心技术的基础上，有选择地向合作伙伴、供应商或配套品制造商授权，在分享技术平台的同时管控好可能发生的利益冲突，谋取技术创新的收益最大化。

三、兼容性

开发者还要考虑新技术是否与自己以前的技术相兼容，以及兼容到何种程度。

新技术与原有技术的兼容称为“后向兼容”，其好处是：

- 如果公司原有技术拥有较大的市场份额，或能得到充足的配套品，新老技术兼容可以充分利用业已存在的市场保有量和配套品。

- 新老几代产品相兼容，能让顾客在代际产品中无缝过渡或升级，不给竞争者留下任何进入市场的机会。

- 一项可兼容的新技术会得到同行企业的支持，增强用户和配套品生产商对市场的信心，还会刺激更多的公司支持该技术，进一步强化其技术地位和增加配套品供给。

● 开发者可以操控新旧技术之间的兼容性，为己方技术和产品开“绿灯”，帮助与自己有合作关系的供应商或配套品生产商，而限制、排斥其他公司不相兼容的技术版本。

新老技术版本不相兼容，对技术扩散也不无好处：

● 不兼容会迫使用户购买或升级新版本。

● 与潜在进入者的产品不兼容，可以保护公司已有的市场保有量。

● 不兼容可以防止无意间发生的技术转移，减少配套品生产商发展成潜在竞争者的可能性。

● 不兼容可以保全公司技术平台的完整性，保证新产品开发的质量。

真正拥有技术优势的公司，可以集持续创新与后向兼容于一体，在市场、互补者和竞争者的多方关系中保持强者的地位。

四、内部市场

对一项技术创新的优势，常见的市场利用方式是许可、转让、制成产品出售。值得注意的是，还有一种将外部市场内部化的方式：公司将新技术与资金、人才诸要素结合起来，用于其他地区或国家建厂投资，从事跨区域乃至跨国生产。这些实行跨区域或跨国经营的企业，在母公司与子公司之间以及子公司相互之间创造了一种新的内部市场，技术要素以设计图纸、优质材料、核心部件或先进设备为载体在公司内部市场流转,打破了技术应用的市场限制和地理边界。

技术要素本身可供交易,许可和转让是其最简单的利用方式。将技术要素物化凝结到商品中,变成技术密集型的可贸易性商品,比单纯的技术转让又上了一层楼。利用技术优势从事海外直接投资,在全球范围内配置生产资源,成为最复杂、最高级的国际经济活动形式。如今,跨国公司内部市场上的技术流和商品流演变成全球市场上的重头戏。

创造内部市场并非大公司的专利,有实力的中小企业也可如法炮制。你的产品和工艺优势在东部渐失,在中西部可能还有市场,在国内算不上先进,在东南亚、南亚、中亚、中东、非洲或拉美仍可称雄,所谓"东方不亮西方亮",何必非在本地"宅"死呢?

内部市场的创建有可能为技术创新带来种种红利:

● 将核心技术、核心部件的生产保留在国内,一般性技术的部件生产和整件组装放到海外,利用东道国的劳力、原料、土地和厂房等有利条件,从事国际生产和贸易活动。

● 中小企业因规模小、专业化程度高,往往无法获得规模经济。跨国经营扩展了规模经济效应,能让公司降低生产成本,收回研发投资。

● 打破贸易壁垒,克服外部市场的不完全性和不确定性，降低交易成本，取得内部化经济效益。

● 利用公司内部市场的资源配置和价格转移机制，可以充分地开发并实现技术、知识和管理经验等无形资产的价值。

公司建立内部市场的最终目的在于凭借技术优势占领外部市场，包括东道国当地市场、母国市场以及第三国市场。

越来越多的中国企业投身于研发型对外直接投资，通过组建海外研发中心，并购国外公司研发部门、独立实验室或高技术初创企业，就地利用国外的研发资源和特殊人才，弥补己方技术短板，或叠加双方技术优势，收获技术创新成果，此举不失为一招妙棋。

五、股权转让：公司市场

科技型中小企业一旦开发出科研成果，其本身的股权也可以像商品那样成为买卖对象。以推销科研成果为目的，以科技公司股权为交易对象，这就构成了所谓的“公司市场”。

在信息通信、生物医药、新材料、新能源、虚拟现实和人工智能等新兴产业领域，许多小型科技公司的研发投资带有高风险、高收益的特征，其原创性科研成果一旦初具雏形便有了初始价值，具备了向大公司推销初步研发成果乃至出售公司本身的条件。大公司和风投基金也乐于向那些深具技术潜力的小公司进行投资。这些小公司在研发进程中的不同阶段具有不同的风险和估值，随着研发不断深入，风险趋于减小，估值随之增加。

典型的“公司市场”运行方式是：

● 小型科技公司自行筹措一笔启动资金，或申请官方资助的一笔科研基金，投入初始的研发活动。

● 小公司利用自己的发明专利，或向大学或科研院所购买学术成果和技术许可，进行深度研发。

● 小公司对研发出来的新产品进行小批量试生产和试营销。

● 拥有一定商界关系和专业知识背景的公司CEO开始联络业内大公司，探讨初始研发成果出售或创新技术特许的可能性，争取与大公司签订技术转让合同或并购协议。

● 为了分散风险，大公司往往会选择若干家小公司分头合作，只要其中一两家小公司的技术研发修成正果，其收益便足以弥补其他项目的花费而赚得盆满钵盈，故而乐此不疲。

● 小公司的第一笔收益通常来自向大公司出售技术许可或公司股权的收入。例如，大公司第一年先向小公司支付股权转让或技术估值的一半费用，获得技术许可后开展深度研发，并承担后续风险，小公司则用这笔钱弥补初始研发的费用。

● 小公司的最大动力和“希望”在于大公司未来支付的项目后续费用，这些费用的支付条件和方式均需在技术转让合同或并购协议中做出明确规定。例如,大公司第二年再向小公司支付30%的费用,第三年支付余下的20%的费用。小公司只有持续进行研发和营销,配合大公司的深度研发活动,其股东和某些持有股权的技术骨干才能获得后续的收益。

科技型中小企业对外转让股权,其实质是将自身的研发要素、营销要素和其他生产要素组合起来实行整体转移,这种高新技术产业中通行的交易行为构成了硅谷、光谷和药谷一道最亮丽的风景线。当今神州大地上雨后春笋般涌现出来的"双创"企业,正在改变一切科研要素的运行环境和体制特征,由此催生和孕育的科技企业股权交易昭示着"公司市场"时代的到来。

第三节　营销创新策略

新技术是一柄利剑,舞剑人还需剑术精妙,方能一剑封喉。

新产品的命运并不确定,甫一上市只为少数时尚爱好者追捧,大多数用户却感陌生。很可能红火一阵,随后便断崖式跌落……面对市场上的种种挑战,营销若不创新,新产品的价值岂能实现?

新产品进入市场不只是盈利的途径,其本身就是创新过程的有机组成部分。对科技型中小企业而言，营销创新能力甚至比其技术创新的本能更为重要。

一、上市时机

新产品快速上市可以削减开支，但并不意味着新产品越快推向市场越好。应选择合适的时机上市，当快则快，当慢则慢。

● 创新技术一旦成为行业的主导技术，推广便刻不容缓。迅速部署能够形成较大的市场保有量，激励配套品开发商支持该技术平台，制造商和用户的经验也能用于改进技术，生产成本将因学习效应和规模经济而下降。

● 如果公司当前产品很赚钱，可以暂缓推出下一代产品，以获取最大的现金流和回报。但推迟新产品发布有可能让竞争对手后来居上，获得重大的技术领先优势而导致己方的顾客流失。公司要审时度势、相机权变，有时宁可自噬现有产品，也要力推新产品，或鼓励老顾客升级到新产品。

● 新产品过早上市，刚购买了前一代产品的消费者会产生抵触情绪，感到后悔和懊恼。

● 匆忙推出新产品可能会牺牲充分的测试验证，忽视产品设计中的缺陷和生产工艺上出现的问题，造成用户的差评。

● 过早推出新产品还可能导致开发成本剧增，即使市场热情拥抱新产品，也无法补偿费用增长。

● 企业应在生产能力和售后服务都到位后才启动营销。如果向市场过早发布而未能及时推出新产品，人们就会对此项创新及创新者本身产生怀疑。

● 在有足够的生产能力推出新产品时，相应的配套产品也要及时跟上，确保好马配上好鞍。

● 营销部门需要提前做好新产品的试用、试销工作，并在上市前与分销商、供应商及客户敲定销售合约的最终条款。

● 选择有利的商业周期进入市场，如瞄准圣诞销售旺季推出新款产品。

二、定价策略

新产品定价通常是变动成本、部分固定成本及附加价值之和，关乎其市场定位、市场采纳率与公司的现金流。可供选择的定价策略包括：

● 高定价。高定价传递给市场的信号是重大创新产品来了。高价上市有助于弥补先期花费的研发费用，使销售早期利润达到最大化，但也容易招引竞争对手入场，减慢产品的采纳率。如果生产成本能随产量增加而大幅下降的话，高定价不如平价策略迅速占领市场来得划算。

● 低定价。低定价的好处是迅速吸引顾客，增加产销量，达到市场份额最大化。公司一开始就需要冒险投入巨资，形成超过需求的强大生产能力，但长期来看，生产成本会随产销量增加而下降，学习曲线和规模经济效应都会发生作用。公司不仅能在低价格下获取利润,而且可以加速技术的市场渗透,吸引对价格敏感的大众客户。

● 零价格。初始价格为零或非常之低,让顾客无偿或低价获得新产品,只为配套产品或增值服务付费。这样做看似无利可图或亏本经营,但企业可通过配套产品或服务赚取利润予以补偿。

● 推介价格。该价格只用于特定时期,暂时不确定长期价格结构,以测试市场对公司新产品及其价格水平的反应。

● 先试用后付款。当顾客对某项新技术还半信半疑时,公司提供一定的免费试用期,让顾客先熟悉新产品的优点,适当延后支付。

● 第三方收付款。网购时,顾客只向第三方平台支付,等收到货物并确认后,通知第三方向供应商付款。

● 支付方式多样化。顾客可以一次性付清全款,也可以选择其他付款方式,如租赁、分期付款等。

三、广告

● 委托专业广告商制作广告,选择能覆盖目标市场的广告媒体,通过广告渲染加深人们对新产品的公共认知。

● 新产品上市前发布新闻和预先通告,加强人们对新产品即将面市的印象,在用户中营造一种氛围和价值期望。

● 针对早期使用者，广告侧重宣传新产品的新颖性、易用性及合法性，后期广告强调产品的可靠性、完善性和性价比。

● 设立售点广告，展现产品特色。

● 采取新闻采访之类的“软广告”，降低宣传成本。

四、促销

以多种手段刺激购买，掳获更多的顾客：

● 提供样品免费试用。短暂的试用使顾客更了解新产品，在心理上造成“拥有感”。如果试用之后不买，顾客心理上会觉得蒙受损失，虽然他们未曾真正拥有过新产品，但为了避免损失，很多顾客都会打开钱包。

● 返还部分现金折扣。

● 附送赠品。

● 奖励多买者。

● 给优秀批发商和零售商分发红利。

五、公关

利用公共关系手段，塑造企业形象，扩大新产品的知名度：

● 在报纸杂志上刊登介绍公司或产品的新闻稿。

● 在行业年鉴和专业杂志上发表文章。

● 利用社交媒体网站和微信公众号传播新技术、新产品信息。

● 邀请业内知名专家学者参与新产品测试过程。

● 举办新产品发布的庆典活动。

● 赞助行业论坛。

● 赞助体育赛事。

● 慈善捐款。

● 赞助公益事业。

中小微企业举办公关活动时,宜切合实际,量力而行。

六、直销

公司自行组建销售队伍,或构建网购系统,直接销售产品。直销可以控制新产品的定价和销售过程,为客户提供个性化定制服务,获取更多的客户信息。但组建一支直销队伍并非易事,费力耗时,且成本不菲。

在下述情况下,公司可以选择直销:

● 公司已拥有一支较强的销售队伍,新产品与产品线的销售要求基本吻合,可直接纳入现有销售系统。

● 若顾客极为分散,且几乎无须产品宣传、培训或服务,则在线订购就足以应对。

● 如果顾客相对集中，或需要进行产品宣传，提供培训、安装或定制服务，则应配备直销人员，组建销售团队。

● 若只有少量工业用户，或只为贴牌定制商生产某一部件，或产品无须检测或提供服务，均以直销为宜。

七、分销

新产品销售也可以利用各种分销渠道，包括批发商、零售商、贴牌定制商（OEM）和电商，把营销外包给他人。

分销商的服务会使销售更高效：分流库存；零售网点广为分布；对批量订单进行分件，以多品种、小批量的形式提供给顾客；为顾客提供宣传、导购、专卖、试用、送货、安装和定制等服务。

加速分销的方法有：

● 与分销商结盟。采用战略联盟或排他性合同来鼓励分销商推广公司的新产品。公司承诺让分销商在新产品的成功中分得一杯羹，促使其销售和宣传新技术。

● 捆绑销售法。新产品与另一个市场保有量较大的成熟产品实行捆绑销售。一旦顾客了解新产品的优点，就有可能形成路径依赖，影响其未来的购买决策。此法对形成市场保有量和增加配套品供给很有效。

● 优惠大客户群。与大型分销商、配套品供应商和政府团体客户订立合同，以价格折扣、广告支持及特殊服务合约等手段扩大新产品的销路。

● 提供分销保障。如果新产品的市场前景不确定，公司可以向分销商承诺回购未售完的产品。或者，将产品交给零售商代理，先不交全款，卖掉多少返款多少，卖不出去的可返还。公司也可以对犹豫不前的配套品制造商承诺一定的销量，或提供一部分生产资金，分担其制造配套品的风险。

新产品在销售总额中的比重，是中小微企业创新绩效的主要评估指标。新产品销售额的增长，是最重要的创新成就。创新产出和销售彰显了科技型小公司的市场地位，为那些“独角兽”、“超新星”公司提供了巨大的成长机会。

第十四章

服务创新

广义的产品概念，包括销售给最终使用者和公司的有形产品或无形服务。产品创新，涵盖实物产品的创新和无形服务的创新。

目前，服务业在中国 GDP 中占据了半壁江山。无论是工商性服务企业还是金融性服务企业，服务创新都有着巨大的运作舞台和利润空间。

所有的实业制造公司均有经销服务环节，如售前支持、销售过程及售后服务(技术支持、技术升级、零部件供应、送货上门和维修保养等)。当代消费者十分重视服务与产品之间的内在联系，服务不再是配角，已成为整个产品/服务组合中不可或缺的部分，因此，服务创新也是实业制造公司创新的题中应有之义。

值得关注的是，与技术创新直接有关的服务活动构成了另一个服务创新源，这些专门为技术创新活动提供设计、研发和智力服务的行业和企业也需要创新。研发型中小企业本身就是科研服务的提供商，制造型中小企业可利用这种研发服务进行外部创新。

第一节　服务创新的特性

服务创新有其自己的特性、要求和流程，与传统的产品开发有着本质上的不同。

一、个性化体验

对特定客户来说，服务是非常个性化的。每个客户在消费某项服务时，其要求和行为特性都会与其他客户不同，精确的服务交付须因人而异。

服务是为某个人做某件事，而非生产大众消费品；服务提供商是为每个客户提供“个人定制”的服务体验，而非提供通用解决方案。服务创新要根据服务流程中与客户的每一个接触点来设计和开发，尽可能照顾到客户的个人情况，才能提高服务品质和效率，提升客户体验及满意度。

二、无形价值

服务不是给客户提供有形的产品，而是一种无形的交互作用或体验。服务蕴含的价值是无形的，且只存在于服务的过程中，顾客只有在亲身接受服务的过程中才能感受和体会到这种价值。

客户对无形价值的体验是新服务开发成功的本质和重点。服务创新应给客户带来难忘的、真切的体验，留下一个持久的、正面的印象，满足客户的期望值，并对其反馈积极地予以回应。

三、即时评估

客户接受服务的反应和评价是即时的，在服务流程的每个接触点上都会形成新的评价和期望。

服务提供商应随时听取客户的感受和建议，以专业的态度予以研究和处理，这是形成完美的定制服务的关键所在。

与生产实物产品的企业相比，服务提供商可以更及时地捕捉客户的感觉和意见，根据其反馈快速做出可操作的改进，最有效地设计和完善服务。

四、整体性

服务涉及所有与客户的接触点，应作为不可分割的整体来评估，而不是分别对服务链的每个分离阶段进行评价。某个接触点的服务质量欠佳，都会拖累整个服务体验流程。服务开发必须强调服务的整体性和每个接触客户环节的交互作用。

制造企业也应强化经销服务环节。通过优质可靠的服务和特色化的客户体验来创造差异产品，是其构建竞争优势的重要策略之一。

第二节　新服务开发流程

服务创新项目的开发流程，包括问题识别、创意筛选、方案设计、整体开发、测试验证、市场发布和交付实施诸阶段。

新服务开发流程与新产品开发流程极为相似，但前者的“服务交付”阶段相当于后者的“产品制造”阶段，该阶段将向客户交付服务，为客户创造体验，服务创新成功与否，有赖于员工与客户的共同参与和投入。

新服务开发与新产品开发一样，须服从公司的发展目标和总体战略，但在细节上、整体上仍有别于产品开发，新服务开发的每个阶段都有一些重要的抓手、着力点和管理策略。

一、新服务策略

● 制定一个表述清晰的新服务策略，有明确的愿景和目标，并与公司的总体战略和发展方向保持一致。

● 确定新服务开发的筛选标准和优先次序，选择合适的创意和创新方案。

● 确定今后若干年内新服务提供的数量及其财务增长的目标。

● 为开发新服务提供必需的人力资源和财务资源。

二、问题识别

● 问题识别是新服务开发的第一阶段，也是首要阶段。

● 找出客户最头疼的问题和困难、最殷切的需求和期待。

● 不要直接询问客户的需求，而是从其行为、习惯、喜好和生活方式中挖掘答案。

● 以客户需求为导向，在识别客户最大难题的基础上形成新的服务解决方案。

三、创意筛选

● 创意筛选是新服务开发的第二阶段，该阶段要从若干服务解决方案中筛选出最佳方案。

● 解决方案主要针对问题识别中尚未涉及的客户需求、愿望、问题和困难。

● 召集客户、非客户和跨职能部门员工参与的创意会议。

● 吸收一线工作的员工参加创意流程，服务交付员工常常处理客户的反馈和投诉，对客户未满足的需求及其解决方案能给出最好的建议。

● 创意浓缩提炼后，运用筛选标准来决定哪些创意最具潜力，最适合企业。

四、方案制订

● 对筛选出来的创意构思予以概念界定。

● 新服务方案草稿要反映服务与创意之间的交互作用,显示不同产品与服务属性之间的联系,给出服务流程中所有涉及客户的接触点和服务交付路径,并以图示说明。

● 让员工从头参与制订新服务方案,使之了解自己在整个服务交付流程中的作用,体会到自己是公司团队中有价值的重要一员,提升其士气和动力。

● 对新服务方案进行经营分析和财务评价,形成最终解决方案。

五、测试验证

● 测试和验证是新服务开发流程中不可或缺、不可逾越的阶段。

● 对新服务方案进行细致的市场测试,收集客户反馈信息,据此进行调整改进。

● 许多新服务不能申请专利,非常容易被模仿抄袭,市场进入门槛很低。企业在推出新服务之前,应做好测试、验证和完善的工作,满足并超越客户的期待和要求,防止竞争对手捷足先登,徒增拦截对手的难度。

六、市场发布

● 与新产品发布不同，新服务的市场发布是一个没有终点的流程。

● 一项新服务总有改进的空间，在市场发布后持续监控和收集客户反馈将有助于改进和完善服务。

● 新服务的价值易受外部因素的影响，有些影响在市场发布前无法预知，且与使用该项服务的客户数量相关。只有持续观察和了解客户对外部环境影响(包括正面或负面影响)的反馈，才能对提供的新服务和市场的接受度进行客观的再评价，从而快捷有效地满足客户的需求。

七、服务培训

● 培训是新服务开发流程的有机组成部分，是服务交付之前的必要步骤。

● 服务的最终交付须由服务人员来完成或协助，由于服务交付与消费同步进行，服务无法退货或再次销售，因而员工将直接影响服务的结果。

● 全面培训一线工作的员工，组织其学习新服务的知识和技能，公司为员工提供支持性资源，确保服务交付质量的稳定性和一致性。

● 通过培训，帮助员工了解公司的整体规划、服务的战略角色，使其言行举止与公司的目标保持一致。

● 侧重培训员工的危机管控和纷争解决能力，以一致且恰当的方式，游刃有余地应对各种复杂局面。

● 未经培训的员工不能直接上岗，以免造成客户的疏远和业务的流失。

第三节 服务开发新利器

以互联网、大数据、虚拟现实和人工智能为代表的新一代科技革命给服务业带来了不少颠覆性的创新机会。利用好这些新科技成果，既可应对跨界而来的创新潮，又可用作服务开发的新利器。

一、互联网

互联网平台已赢得当代消费者的信任，网络应用成为服务领域的创新亮点和开发平台。消费者与服务企业进行线上线下互动，享受流畅、无缝的优质体验，为公司营销活动提供了双向交流渠道。

互联网是一项普惠性的共享技术，大中小微企业及个体创业者均可利用其无远弗届的魔力。越来越多的服务项目使用线上功能，网络技术和智能手机极大地提升了企业的服务能力。工商性、金融性服务企业采用“+互联网”的方法，让客户足不出户就能进行在线航班登记、网银或手机移动支付、网购大部分日常生活用品……新一代网络技术、智能终端与服务创新的融合，让中小微服务企业能以低成本改造传统经营方式，探索新业态，推动服务业提质增效。

二、社交媒体

社交媒体技术的成本极低，消费者可以在社交网络上共享信息资源，随时与他人分享体验，或直接发布自己的内容。

中小微企业正在利用社交媒体（如微信公众号）与客户建立联系，通过超视距的网聚共存为新产品、新服务提供支撑：将企业的服务资源与网络社区对接，提升快速响应和柔性供给的能力；基于网络开展在线增值服务，拓展既有产品和服务的价值空间；依托网络采集用户的个性化需求，促使消费市场细分化，实现精准营销和智能服务。

互联网的传播特性可能会夸大某些客户的负面评价内容，因此，企业在设计新服务项目时务必谨慎从事，确保每位客户都能享受到优质服务。

三、电子商务

电子商务令服务业的经营方式发生巨变，电商平台吸引了当代消费者的眼球，网售、网购和网付已成为商业活动的新常态。

远距离网上消费既保有个人隐私，又有居家购买的乐趣。展销、陈列和演示有可能被电子商务所取代。某些网店针对被常规店铺边缘化的特殊人群，专攻深耕老人、孕妇和残障人士等“利基”市场。电子商务不再简单复制常规的零售购物模式，而是以饶有情趣的方式改写供应链规则，提供个性化服务，保障安全下单购物。

电子商务引发的“去中心化”、“去中介化”，为消费民主化以及破除大公司对供应链和价值链的垄断提供了可能性。但对服务提供商来说，不同服务领域的数字化转型遭遇到不同程度的阻力，服务的种类和形式会影响远程服务的交付和享用。电子商务与既有业务时有冲突，需要妥善处理好线上与线下、网店与店铺的关系。

四、大数据

利用大数据技术挖掘人们的网络活动数据，从而为精准营销创造条件。即使是刻意回避网络的人，也会留下数据痕迹，如电子邮件中的关键词会被网络公司截取，网上浏览的历史记录也会被当作商品买卖。公司甚至比消费者本人还要了解其购买欲望和行为特征，能为潜在消费者提供精准服务。

五、虚拟现实

消费者购买服务时十分注重现场亲自体验，这些感性信息是服务业信息比重最高的部分，网上再现难度甚大，很难有那种物理意义上的亲手触摸的感觉。

虚拟现实技术（VR）使消费者如临其境，亦幻亦真，将服务变成一种非感受性的消费体验，让购买、消费和销售在现实和虚拟世界中的界限模糊化。该技术为顾客提供全方位的逼真体验，有助于消弭视觉障碍，减少客户对购买时机和方式的依赖性。

但是，幻象终究是幻象，虚拟实境是一个“失重的世界”，无法充分展示物品或服务的质感和细节、质量和做工，未必能真正打动人心。而失去了服务体验感，也会泯灭消费者购买的欲望。

六、人工智能

人工智能（AI）对服务经济最具颠覆性。嵌入客服系统的电脑芯片俨然是“最强大脑”，可以自我学习，胜任人类绝大部分的智力服务工作。服务领域的人工智能不仅会替代售货员、售票员、搬运工和清洁工之类的普通劳作，还将取代律师、会计、医生、程序设计员、金融交易员和政府公务员等需要精确记忆和专业技能的白领阶层工作。随着人工智能的长足进步，某些劳动密集型和一般智力型的服务行业或许会永久消失，人类将不得不转向更有灵感、悟性和创意的智慧型服务工作。

第四节 研发服务创新

设计服务、研发服务和智力服务直接服务于技术创新，其本身就是技术创新活动。设计公司、研发公司、独立实验室与创客部落是开发这类特殊服务的主体，技术经纪人、“猎头”公司和知识产权律师则为研发活动提供辅助性的专业服务。中小微制造企业可以利用这类特殊服务来开展自己的外部创新活动。

一、研发外包

研发外包就是你给我创意点子，我帮你生产新产品原型或新服务业态。

研发外包为科技型小微企业提供了创新的沃土。针对特定客户进行定制研发，是独立设计公司、研发公司、实验室、创客极客和网络创新部落承揽的“订单式”业务。这些研发“专业户”大多有“一招鲜”，可以为多家相关企业提供独门服务。它们连接用户、产业和社会，构成了创新生态的微系统。

研发服务与科研领域专业化分工协作的发展趋势相吻合，这种分工越细，创新的组合、集成和应用就越容易。随着普通体力劳动和一般脑力劳动逐渐被人工智能所替代，人们将越来越多地转向服务领域，包括高端的研发服务和发明创造领域，研发外包商将会像雨后春笋般地涌现出来，为大众创业创新提供新动能和研发资源。

对研发外包企业来说，自己掌控的研发流程只包含与核心技术有关的产品企划、平台设计、产品设计和工艺设计，那些无力自行研发的新产品、相关产业的配套产品以及附加值较低的非核心技术部分均可外包。研发外包可以节约大量的初始研发成本，重组研发环节的价值链，使公司能专注于核心业务。

二、技术经纪人

技术经纪人，又称知识经纪商，在创新网络中扮演着“二传手”的角色。

技术掮客们善于发现不同领域知识之间的结合点，将一个产业的技术信息传递到另一个可能会得到应用的产业。他们的特殊才能并不在于某个特定的科技领域，而是能认识并捕捉到一种出乎意料的问题解决方案。

大多数创新并非原创，而是集成性的，即以新奇的方式将一些已知的概念和材料重新结合起来。技术经纪人为不同行业的创新活动牵线搭桥，发挥异域知识的潜在协同效应，由此创造出适用于多种市场的新产品。

三、网络创新联盟

网络创新联盟是一种基于互联网的创意集群，

通过网络汇集不同专业背景的人才，联手实施研发活动，完成特定的研发课题。这种创新部落啸聚于网络丛林的某个节点，具有快闪式、自组织、远程异域和一体化运作的特征。

一些具有核心技术能力或研发资源的单位或个体不必拥有传统的研发实体，他们可以凭借现代信息和通信技术，调集其他研发机构和发明爱好者的力量，共同从事新技术、新产品或新工艺的开发。

这种立足网络的合作研发系统，以发起者为旗手，突破单一研发机构的边界，在全国或全球范围内整合不同特质和不同能力的研发力量，创造出卓越的研发服务能力。它主要覆盖知识要素密集型的设计阶段，改变知识的地理黏滞性和创新的地理分布，为知识和技术资源的国际扩散提供了新机会，也为一些科技型小公司迅速获得互补的研发能力和参与国际技术创新活动创造了条件。

四、研发服务全球化

科技型中小企业可以有选择地引进国外研发机构，与之建立合作创新关系，分享彼此的技术知识、研发能力与信息资源，形成共赢的研发联盟。

- 连接国外有关的优秀研发机构，构建合作创新能力。

- 与国外独立设计公司、研发公司和实验室建立合资或合作关系。

● 引进优秀的外国科学家、海归科技人才及其团队。

实力坚强的中小企业也可以“走出去”，深入当代先进科技的策源地，从事研发型对外直接投资，创建海外研发中心或科研基地。

● 组建海外研发设计中心，利用当地人才和资源开展研发活动，如百度在美国硅谷创设的人工智能实验室。

● 在海外子公司中设立二级研发机构，招聘当地研发人才，针对当地市场与技术情况开展研发活动。

● 并购当地的技术型企业，获取东道国企业的研发团队、生产技术、产品品牌与销售渠道。

—·第四部分·—

赢在持续创新

创新，是一个动态的、持续的发展过程。新产品入市意味着技术生命周期的开始，持续创新将贯穿这个周期的始终。

组织创新，则是企业持续创新的体制保障。创新企业的组织结构特征主要体现在研发制度设定、创新文化建设、员工参与创新和组织学习机制等方面。

第十五章

持续创新

对任何企业来说，创新是一次长征，只有进行时，没有完成时。

科技的进步、需求的牵引，必然会导致再次创新、多次创新。

创新本质上是一个动态发展过程，不可能一劳永逸。新产品入市，只是项目研发流程走完了最后一步，而技术生命周期的运动轨迹则刚刚开启。只要下一个周期不是断崖式的颠覆性创新，持续创新就会如影相随，贯穿这个周期的始终。

第一节　技术生命周期管理

新技术面世，如同新的人生轨迹，出生要照料，成长要呵护，临终要关怀。“事辍者无功，耕怠者无获。”对技术生命周期进行精细管理，是每个创新者必须履行的使命和职责。

一、新生期

新技术历经原型研制、测试验证，逐渐形成量产能力，但从技术角度来说，它的真正完善还是在新产品入市之后，企业一旦从市场和客户那里获得大量有用的信息，就会找出潜在问题，改善产品功能和特性，开发出技术改进型号。

创新的本质是试错，包括技术试错和需求试错。只有两者皆对，创新才能大功告成，才有可能催生出新产品、新服务或新业态。尤其是高新技术，其孕育和生长不是规划出来的，而是试错试出来的，创新活动对战略性新兴产业的生成具有无可替代的价值。

市场是技术创新的最后一块试金石。进入需求试错阶段，新技术产品的命数难定，红火一时有之，铩羽而归也有之。企业家押上身家性命，拿出创新产品投入市场，为的是求证新需求、引领新潮流。作为创新的主体，他们顽强地开拓市场，不放弃新需求和新增长点的探索，并对自己的决策后果负责，其胆识可敬，其勇气可嘉。

创新者一举打破原有的竞争格局，势必会成为效仿的标杆、围攻的对象，竞争者会迅速追赶甚至超越成功企业。为了持久保持竞争力，领先公司必须不断完善或更新自己的产品和服务。许多德国小企业稳居业内“世界冠军”的宝座，其秘诀就在于深耕不辍，始终追求顶尖技术，打造最高品质，这已成为其矢志不渝的信条。

小企业在大公司面前要有自尊，在一大批同行中又要谦卑。即使你在某个领域、某项技术上有所成就，也要警惕患上“成功惯性症”。过去的成功并不代表未来也会成功，毕竟，你不在地球食物链的顶端，更不是天下无敌。

二、成长期

成长期是创新企业盈利的黄金时代。该时期的持续创新应以既有客户或高端客户为目标，通过构建、测试、反馈、改善，尽快将改进的成果呈现在用户面前。企业要不断进行螺旋式开发，一连串渐进式的微小创新终将使技术臻于完美，引起量变和部分质变，发挥出最大的价值。

成长期的另一个重点是开展工艺创新，降低单位产品的生产成本，与一大批跟随者、模仿者拉开距离。在成长期，实行外部创新的企业通过工艺创新已完成了对外来技术的整合，其自主研发能力有所增强，工艺创新密度开始下降，产品创新频度随之上升，由此进入内部创新的阶段。

成长期的第三个重点是商业模式创新或业态创新，例如，推进数字化、网络化和智能化。

三、衰退期

任何新技术都有代谢终老的那一天。产品进入衰退期后，技术已过度成熟，很难再有什么创新，除非研发全新技术来取代。但只要产品还能维持现金流，就仍有调整的空间：改变快消品的包装、设计和配方；削减中间产品的成本，改善其质量；精简或终止某种产品或某个产品线，将这群消费者设法转移到新的技术、产品或平台；强化广告宣传或升级公司网站，配合价格调整进行强力促销。

持续创新不仅是从 1 到 N 的逐次完善，也可以是从 0 到 1 的从头再来，以颠覆性的黑科技一举迭代旧技术。因此，有远见的创新者要主动谋划后续发展，做出更长远的技术决策。进入衰退期，随时有可能再次爆发重大的技术变革，企业将不得不重构技术体系，或自行开展技术创新，或再次引入全新技术。新的技术范式会破坏业内大佬的统治，搅乱既有产业的秩序，这种变革往往是“危”中有“机”，也许是你的企业“蛙跳”到科技前沿的唯一机会。

不可否认，新产品会对老产品产生可怕的“自噬效应”。为了使现有产品的现金流和研发投资回报达到最大化，有的公司会静等利润下滑时再推出下一代产品。但在快速迭代的技术型产业中，这种犹豫、彷徨常常是致命的，竞争对手有可能后来居上获得技术领先优势。贪恋胶卷生意的柯达迟迟不肯推出自有的先进数码相机，结果丢掉了大好的数码相机市场。因此，领先创新者必须审时度势，有时宁可忍受“自噬效应”，也要坚持创新。一个变通的做法是，让新老技术相互兼容，使几代产品有效连接，充分利用现有的市场保有量和配套品，不给竞争者可乘之隙。

第二节 持续创新策略

绝大多数项目后创新活动发生在技术平台、商业模式和客户体验这三大领域，创新的类型、速率和方向均与此前有所不同，企业的持续创新策略是逐步扩大创新范围，接续转换创新方式。

一、平台创新

● 核心技术创新：自有核心技术是企业价值最高的战略资产，是竞争优势的基石、技术平台的台柱，堪称企业的“创新之锚”。核心技术必须与时俱进，尽量跳出改良的圈子，做出本质上的改变，让你的竞争对手无法效仿。企业要主动开发新的核心技术，通过对技术创新的参悟和积淀，重建自己的动态竞争优势，实行弯道超车，或换道超车。

● 产品性能创新：核心技术和产品要有独特的属性和功能，才能从市场中脱颖而出，这可以通过附加功能、客户定制和特征集聚来实现。推出创新性能产品的企业通常是业内领军者，性能好的产品自然售价也高。例如，微软每隔两年左右推出新的“视窗”操作系统来取代当前的产品，阻止潜在竞争对手的介入或超越。OXO 公司的蔬果削皮器售价高达同类产品的 5 倍。

● 产品体系创新：围绕领先的核心技术扩展产品体系，延伸开发相关配套的系列产品，满足不同类型顾客的需求。这种创新是基于“交互性”、“模块性”和“完整性”而研发的优质互补产品和服务，它不仅能帮助企业深挖内在潜力，进军新的领域，同时也为竞争对手设置了市场进入壁垒，阻挡新来者找到切入口。比如，亚马逊将网页基础开发技术转让给其他公司来扩大平台。星巴克将咖啡厅变成人们休闲聊天的地方，迅速火遍全球。奥斯卡·迈尔发明饼干、肉、乳酪加甜点制作的学生“午餐盒”，为家长们省下了不少时间。

二、模式创新

● 盈利模式创新：创意型的盈利模式，如竞价拍卖、折扣礼券、捆绑定价、强制短缺和授权经营等，可以打破行业内的产品、服务、定价和收费标准。盈利方式创新适用于资产密集型行业、严格管控商品和 B2B 企业。例如，Zipcar 租车公司的创新之举是提供短时租车服务。

● 网络创新：巩固外部协作关系、分配特许经营权或与其他公司结盟等。巴西大自然化妆品公司(Natura)曾与全球25所大学合作建立了一个创新网络,共同创造出了单凭一己之力无法创造的价值。

● 结构创新:建立企业大学、知识管理系统或服务外包等。一家公司有了创新型的结构,就能招募到优秀人才,顺利开展运营活动。美国西南航空公司坚持只使用波音737机型,此举有利于实行标准化管理,且能降低成本,加快飞机周转率。

● 流程创新:尝试研发和生产流程的创新,倡导众包、精益生产和灵活生产。丰田集团独创的"精益生产"系统就是为了最大限度地提高每个生产环节的效率。

三、体验创新

● 服务创新:提供售后保障服务、忠诚度服务、个性化服务、自助服务和买前试用服务等。客户通常都喜欢提供优质服务的企业。捷步鞋业(Zappos)的做法是,如果某种产品卖光了,为了满足客户的订单要求,甚至会主动为客户寻找其他品牌的类似款式。

● 渠道创新:通过网店、旗舰店、连锁店、多重营销、交叉销售等方式将产品或服务输入市场。创新的渠道全然不同于常规的渠道,例如,亚马逊的应用软件Kindle能让顾客只花一分钟时间,便可订购并下载一本电子书。

● 品牌创新:采用品牌认证、自有品牌或品牌联合等方式。创新品牌的客户群会形成一种特殊的群体意识,例如,特雷德·乔的连锁杂货店出售多种其他地方买不到的独家产品。

● 公关创新:企业与客户建立独特的联系。苹果公司召开全球开发者大会推介自己的最新产品,让开发者提前对苹果新产品有所认识,提出反馈。

四、混合创新

在激烈的市场竞争中,仅靠推出一款新产品是远远不够的,竞争对手会群起效仿,很快推出类似的产品或服务。富有成效的创新活动通常运用5种以上的创新类型。实践证明,混合多种创新类型能够提高创新的成功率,与竞争对手拉开距离。

如何充分利用多种创新类型呢?

● 深入理解各种创新类型,摸透每种类型的价值和精妙之处。

● 从各种创新策略中精挑细选,为公司的持续创新打下基础。

● 积极涉足三大创新类别,即构建技术平台、更新商业模式、营造全新体验。

● 至少将5种创新类型组合在一起,以混合创新来实现突破。

● 重视产品和技术之外的创新类型,因为竞争对手能够轻易地将你的产品和技术据为己用。

● 抓住最重要的创新类型，仔细发掘那些被忽视了的途径和方法。

● 以全新方式整合某些略为老式的创新策略，同样能够实现创新突破。

● 选择 3～5 种新的创新类型纳入现有策略，或者替代现有策略，将这些创新类型和策略汇聚在一起，形成一套与众不同的"创新路径"。

● 无论采取何种创新策略，都要积极进取，追求实效。

据统计，普通的创新者平均使用 1.8 种创新类型，而顶尖的创新者平均使用 3.6 种创新类型，使用 5 种以上创新类型的公司表现更为优异。以谷歌公司为例，其创新活动涉及 8 种创新类型：在产品性能创新上，为方便广告者和客户，谷歌要求广告的字数不得超过 25 个；在产品体系创新上，谷歌允许第三方网页刊登谷歌的广告并从中获利；在盈利模式创新上，广告关键词项目让用户能够自由竞标广告；在结构创新上，公司用免费伙食等福利来吸引人才；在流程创新上，谷歌的网页排名算法颠覆了整个搜索引擎行业；在服务创新上，谷歌提供"综合广告服务"；在渠道创新上，谷歌向用户提供"精确定位信息"；在品牌创新上，谷歌简单、高识别度的首页设计就是最好的品牌标志。

第三节　新一波科技潮

一、“四代”对策

以人工智能为代表的新一波科技大潮，挟裹着移动互联网、物联网、大数据、云计算、机器人、虚拟现实、3D 打印和基因组技术，正呼啸着拍岸而来。

新科技大潮历来是经济长波的驱动力。在一个长波周期中，生产能力攀顶引起过剩后，导致利润下降和经济衰退，从而刺激和催生一波科技创新大潮，驱使经济走向下一次繁荣。这种创新大潮的出现常常伴随着颠覆性创新。企业再小，也要与时偕行，保持对创新大趋势的前瞻性，既不错失创新潮头涌现的新商机，又要避免创新退潮时的过多投入。

任何企业的创新活动，从开工播种到开花结果要假以时日。为消除滞后效应，小企业最好的应对之策就是紧跟创新大潮，保持创新节奏，即生产一代、试制一代、预研一代、探索一代。

● 生产一代：利用成熟工艺、技术、原料和设备，实行工业化生产的一代。

● 试制一代：开发新工艺、新技术、新原料和新设备，试制含有“实用新型专利”的新产品，准备实行工业化生产的下一代。

● 预研一代：以现有基础理论为支撑，研发有市场前景且含有"实用新型专利"的新产品,准备投入生产的第三代。

● 探索一代:探索新的基础理论,开发新工艺、新技术、新原料和新设备,构思有市场前景且含有"发明专利"的全新产品一代。

"四代"对策是一种小步快跑的中国式智慧,一种新技术研发出来,先是小批量投产,同时赶紧研制2.0升级版,并尽快研发3.0版、4.0版。采用这种持续创新策略,即便使用较少的研发投入,小企业也可以较快地研制出新产品,跟上科技大潮和经济长波的节拍,成为时代的弄潮儿。

二、开发智能产品

基于人工智能的创新驱动是当下新一波科技革命的奥义和精髓,它以人工智能技术为主导,融合信息通信技术,整合了微型芯片、软件和传感器而具有收集、处理和生成信息的能力。产品一旦被赋予"思考"的"大脑",就变成了"智能产品"。如同"互联网+"那样,"智能化+"已成为当代技术创新的一个重要维度,助力企业展示创新能力,凸显竞争优势,开辟新的市场。

如何开发智能产品呢?

● 用户通常会将自动化程度高与产品性能好画等号,将新产品构思建立在自动化基础上往往具有最高的成功率。

● 基于智能产品特有的自动性、适应性和反应性,使新产品的构思设计更具原创性。

● 原型机测试是测试自动化产品概念的最佳方式。

产品在增加智能维度的同时,必然会提高复杂程度。有些用户会觉得智能产品的操作太复杂,使用起来会有潜在风险。如何降低智能产品的复杂性,从而减少用户的风险担忧呢?智能产品开发者可以考虑采取以下对策:

● 在产品的核心功能之外不要附加过多的、花哨的功能,以免给用户带来诸多不便。

● 将某些不太重要的延伸功能隐藏起来,不给用户造成使用上的混乱。

● 在智能产品中安装指示器,为用户提供具体的操作说明,降低操作的难度。

● 用户可以随时中断智能产品的运行,减少对风险的担忧。

● 广告宣传应强调智能产品带来的便利,尽量弱化产品的复杂度和客户疑虑。

● 选择愿为用户提供展示或试用机会的经销商,增加客户购买的欲望,智能产品的试用机会越多,被用户接受的可能性越大。

随着 5G 网络的成熟和通信技术的进步,万物互联将在下一个 10 年基本完成。这个以智能、互联为特征的超级生态必将带来无尽的机遇,为脑洞大开的开发者提供用武之地。未来的社会俨然是一个整体，它的迭代不再是单个商品的黑科技爆发，而是整个系统的全面升级，所有产业面临着颠覆，市场也将彻底洗牌。一系列频繁发生的颠覆和被颠覆，正在让未来变得不可预测。对今天的企业来说，凡能嫁接到本行本业的新技术，但取无妨，采取“拿来主义”就是了。单靠理解力已经来不及，等你刚理解，又生出了新变化。你需要主动调整自己，不断寻找与变化共舞的机会，才能存续和发展。

未来扑面而来，你准备好了吗?

第十六章

组织创新

一家建立了创新“生态系统”的企业，是创新成功率与持续性的保证。

创新企业的组织结构特征主要体现在研发制度设定、创新文化建设、员工参与度和组织学习机制方面。组织创新为企业的持续创新注入了强劲的动能，提供了体制的保障。

第一节　研发制度设定

技术优势源于企业的研发制度安排。企业虽小，器不如人，但制要优于人。小公司尤须重视构建富有创造性的体制和工作环境，这是为赢得持续创新而实行组织再造的关键。

“麻雀虽小，五脏俱全。”创新企业的组织制度应具备以下特征：

- 有技术创新主管
- 有专设研发机构(至少有项目研发小组)
- 有在研创新项目
- 有专用研发资金
- 有将创新推向市场的清晰计划

如何吸纳创新要素、培育创新动能，并将创新活动制度化？华为公司在这方面堪称典范。如今的华为已是行业巨人，但它也是从小企业一路奋斗过来的，其成长的历程值得借鉴。

面对跨国公司的竞争打压，华为以小博大，集中全部资源，实行重点突破、系统领先，跳出低档市场上的缠斗角逐，在核心技术领先的基础上拓展相关产品。公司明确规定，研发费用占销售额的 10%，研发人员占总人数的 40%，营销人员占 35%，生产人员仅占 15%，其余为管理人员。经过 30 多年研发深耕，累计投入上千亿元研发费用，华为实现了高质量的创新，2016 年申请专利就达 3 898 项，连续第二年居全球企业之首，企业的地位幡然改观。

小型企业最突出的组织优势是没有所谓的“大公司病”，现在连大公司都要求自己的研发部门变成创业型的“小老板”。小公司的组织结构简洁明快，具有快速反应、柔性决策和行动敏捷的优势。繁文缛节、官僚程序越少，组织机构越扁平化，就越容易催生创造力。未来的组织变革会更加扁平，管理者数量将更少，权力更多向精英员工转移，创新领导定位将从“指令和管理”变为“教练和赋能”。

第二节 创新文化建设

对持续创新的企业来说，技术或环境变化并不可怕，可怕的是组织和文化跟不上。持续发展的真正障碍并不在外部，而是组织自己，突破与超越自己才是最难的。

今天的企业亟须创建一种创新文化，使创新变成自己的灵魂和使命。如果企业文化支持创新活动，组织制度、规则和流程对创新的作用力就会倍增。

建设创新文化也有体制成本。因为“新”，总会带来观念上的不理解。创新真来了，又怕现存秩序改动太大，造成摩擦和冲突。企业文化对创新创造的激励作用最大，但也最难创建与扎根。

创新文化建设的要义是：

一、“海盗精神”

- 创新要有“海盗精神”，大胆尝试，打破常规，建立自己的规则。
- 创新的信仰要根深蒂固到每个细节、每根毛细血管，成为每个员工的基因密钥。
- 摆脱企业旧有文化的羁绊，一经选定创新策略，就要调整和重塑企业文化。从事开放式创新的企业，还要尽量吸纳合作伙伴的先进创新文化。

二、氛围导向

● 既贴近公司业务，又紧跟科技前沿。

● 既收集全球创意，又生成内部知识。

● 既聚集精英，又发动群众。

● 既抓住当下，又放眼未来。

● 既循序渐进、突出重点，又大胆突破、自由发挥。

三、宽容失败

● 发明创造最激动人心，企业未来有很大一部分利润来自新技术产品，但创新活动也最具商业风险，有可能成功，更有可能失败，需要有一个直面风险、不怕失败的企业文化支点。

● 营造包容试错、宽容失败的“小气候”。科学发现、技术发明及其产业化，都是创新者试错纠错、屡败屡战的结果，尝试的过程中难免有误，也会败走麦城。探索未来无所谓“失败”，失败仅仅是暂时受挫而已。

● 竞争文化最能激活创新团队，让创新者自由成长。靠着这群人的反复试错，创造出新技术、新产品和新服务。

● 不以成败论英雄。不完美的英雄，也是英雄。

从失败中提取成功的因子，让“失败”的人才留在队伍里，允许“黑天鹅”从我们的咖啡杯中飞起来。

● 在尝试新事物未获成功时，有意识避免惩罚个人和团队。公司可以为你的失误买单，你不需要接受惩罚，以形成创新人才与文化氛围因果相承的良性循环。

四、精英管理

● 让拥有创新精神的员工汇聚在一起，快速感知客户需求，愉快并充满创造力地开发新产品、提供新服务。

● 传统的管理理念不适用于创新者，不必告诉他们如何思考，只需营造思考的氛围和环境。指令式管理只会压抑他们的天性，也会引起他们的反感，甚至把他们赶走。

● 创新团队需要互动、透明、平等，消除任何的刻板、僵化与内耗。让年轻的创新者迅速学习和运用多种技能，不被固化在一个狭窄的职位通道里。让优秀人才有机会证明和贡献自己的价值，能看到创新努力付出的最终结果。

● 从激活个体、释放精英员工价值入手来激活组织，唤醒企业的内在力量。赋能于组织本身，提升组织效率，进而提升产业链的效率。

五、奖励机制

● 以创新成果和绩效为导向，设计和建立报酬与奖励机制。重奖那些践行创新并获得重大成果的个人和团队，激励他们创造更大的价值。

● 对颠覆性创新项目，以精神层面的激励为主，金钱刺激用处不大，甚至会适得其反。

● 赋予创新者自主权，领导信任和充分授权比金钱奖励更有效，一味的物质刺激只会使员工关注外部的偏好而不是自己内在的兴趣。

● 选拔创新模范，表彰技革能手，认可员工通过创新活动提升的个人能力和自我价值。

● 赋能员工，助其成长。对最富创造力的员工提供在职培训、高级进修和职位晋级的机会，让他们在创新中实现其职业前途。

第三节　员工参与创新

内部创新最能体现组织的创新本质，而实现内部创新的最大动能来自企业员工。

激发内部员工的创造力，将其纳入公司的创新体系，使员工相信他们都是创新团队的一员，这是企业创新活力不绝的关键。

一、破解障碍

为了提高创新参与度，需要破解员工中存在的各种障碍：

● 知识障碍：与大公司相比，小型企业员工的综合素质偏低，知识、技术和创新能力相对缺乏。

● 思想障碍：员工眼界不够开阔，偏于保守，容易怀念旧方法和老系统。

● 利益障碍：创新会触动企业的利益存量，某些员工心存顾虑，担忧失去工作岗位和个人权利，从而消极对待，甚至抗拒变革。

二、全员参与

创新力人皆有之。要发动群众参与创新，深挖员工的创造潜力。

● 全员动员参与：启动重大创新工程时，召开全厂大会，号召全体员工积极参与、协同配合，紧跟创新与变革步伐。培训员工认识和发挥自己的创造能力，创造条件让非团队成员也有机会加入创新进程。

● 创意提交体系：设立建议箱或电子创意库，问计于员工。注明提案员工的姓名，提高员工提交建议的积极性。所有员工都能看到提交的创意方案或技改建议，可对提案评估打分，或提出替代方案。公司对具有潜在商业价值的好提案予以肯定，被采纳者有奖。

● 善用创意提案：鼓励提案员工先将新主意变成新产品的纸板、胶泥或塑胶模型并展示于众，给他们一定的时间、空间和运作资金，使之能进入开发进程的下一阶段。一旦决定采纳员工的创意提案，就要逐步落实，监测创意由概念到执行的全过程，直至变成有用的新装置或新工艺。

● 授权一线员工：一线员工离客户最近，新产品概念通常都是由最贴近消费者或用户的员工创造的，这些突破性的想法经常出乎公司的预期。对一线员工授权赋能，让他们能够调动平台资源，敏捷响应客户需求。

● "人单合一"模式：青岛海尔公司让每个员工在供应链和价值链的每个环节上成为自主创新的发动点，授权跟单作业的员工根据市场变化自主决策，并根据为用户创造的价值自行决定收入。

三、精英团队

● 权力下放给精英员工。领导学做牧羊人，让最强壮的羊带队，其他羊紧随，而自己则跟在羊群的最后。

● 企业里不乏能工巧匠、技术牛人，应激发他们的创造潜能，正确对待并重用那些拒绝平庸、超凡脱俗的创新先锋。

● 将创意人才集中到企业的创新团队之中，为这支"特种部队"提供大后台、大后援，并运用权、责、利对称的模式，让其实现自我驱动。创新团队被带出来不容易，即使项目完成了，也不要轻易解散。

● 给予创新团队成员一定的“自由”，用15%～20%的工作时间去做自己想做的事情。允许他们自行设计并实施项目，公司再从中挑选有前途的项目，投入资源进行孵化。谷歌、3M公司的许多有名项目就是这样孵化出来的。

● 对关键人才可实行员工持股或赋予期权，以产权关系为纽带，结成利益、责任和风险共同体。

● 对外并购时注意留住对方公司的技术骨干，防止拥有重要技能的优秀员工跳槽流失。

第四节　组织学习机制

一、学习型组织

关于学习的最新理论对比较优势重新作了定义，强调学习能力以及学会学习的能力的重要性。一家善于学习的企业，可以凭借学习能力实行逆袭，颠覆原有的静态比较优势，形成强悍的动态比较优势，生产出具有高学习水平特征的产品。企业经过学习获得的技术技能，是一种内生的新质要素，意味着人力资本的厚植、研发要素的升华、技术梯级的跃迁。将企业塑造成学习型组织，使之具有很强的学习能力和溢出效应，是其生成核心比较优势的决定因素。

小型企业普遍缺乏合格人才，新技术、新工艺知识匮乏，对新产品、新服务市场也不熟悉，亟须通过强化学习能力，弥补知识水平差距，发展精锐科创力量，增强创新续航能力。

学习机制本身也要创新，小型企业如何改进学习方法来提高学习效率呢？

● 领导带头：作为企业的决策者，CEO 的学习能力决定了决策的质量，其学习速度决定了整个企业的学习速度。领导层要加强自我修炼，像海绵一样学习，榜样的力量是无穷的。

● 组织学习：整个组织对新观念保持开放心态，对知识交流与学习机会充满热情。尤其在从事外部创新时，企业要全方位向外部高手和合作伙伴学习，引进新设备、新工艺和新管理，实行系统整合协同，使外来技术迅速内化为生产力。

● 在职培训：随着技术复杂性的增加，员工的技能和知识也要相应增加，上岗前培训和在职轮训是很好的办法。通过边干边学，员工会提高学习效率，识别未来新信息的价值，并有效地使用这些信息。

● 重点培养：为富有创造力的专业技术人才提供特定的培训、进修或深造机会，开发其长期的职业兴趣，并允许他们报销部分或全部学费。通过换岗、轮岗，培养一些熟悉企业各职能部门运作的复合型人才，使他们在内部协同创新中发挥更大的作用。

● 瞄准未来：我们正在进入一个智能社会，智能制造和制造智能产品将主宰几乎所有的企业。实现生产、服务过程智能化，需要的是高级技师和熟练技工，没有知识无从驾驭。下一波以人工智能为主导的创新潮需要新型跨界人才，有条件的企业应未雨绸缪，加强学习和赋能，培养和储备相应的人才。

二、知识管理系统

知识和信息是现代企业的主要资源，土地、劳动力和资本要素仍在发挥作用，但已不再是生产过程中的核心要素，拥有知识的人可以借助网络技术使这些传统生产要素发生移动、流转和聚合。

企业要建立知识管理系统，为组织学习、信息交流和知识传播创造条件。

● 集体存档：组织的学习成果应纳入企业的“收藏”，存储在企业数据库中，成为组织的集体记忆。鼓励高技能员工经常开发新的知识和信息，输入数据库，增加企业的知识存量和禀赋。

● 信息公开：凡是不受法律或者监管约束的信息，包括企业的核心业务和表现，都要尽量透明，开放给所有员工。

● 沟通机制：公布技术创新项目，张贴创新会议纪要，欢迎员工检验并提出建议；内部网络发送公司重要报告，确保每位员工都能接收到必要的、正式的信息；企业老总开启内部网的电子邮箱，员工可以直接与其沟通;拆除不同职能部门之间的交流壁垒,让不同信息源交互碰撞,迸发新思想;限制无用信息泛滥,防止沟通渠道堵塞,确保正确的信息在正确的时间传递给正确的人员,供其做出正确的决策。

● 知识转移:利用知识扩散的特殊杠杆作用,教会员工如何调用现有的知识。企业内部需要交流的知识,更多的是心照不宣的隐性知识,公司可采用现金、纪念品等方式来奖励那些乐于分享知识经验的高级技师、熟练技工和资深员工。数字化时代的新员工接受新事物快,对新技术及其应用的知识更渊博,老员工也要虚心向他们学习。科学数据与潜在市场需求方面的知识对创新团队分外重要,应鼓励研发人员、营销人员彼此分享知识,以减少研发风险,加快试验进程。

三、不学习:挺进“无人区”

企业也有不学习的时候,到了技术周期末端,组织最需要的恰恰就是“不学习”。此刻已无学习对象,前方不再有领跑者留下的足迹,企业就此闯入“无人区”,面对的都是前人从未遇到过的问题,不得不自行探索,领先创新。这时的企业必须抛弃不再适宜的线性学习方法,切除任何可能抑制创造性的信息、技术和工艺。

攻入“无人区”后,无人领航,无既定规则,领跑企业会倍感孤独迷惘。没了假想敌,假想敌就是自己。这时的试错成本提高,失败风险增大,后来者也有了弯道超车的机会。这个问题迟早会摆在所有领先创新的企业面前。中国企业的学习能力堪称世界第一,长于模仿赶超而拙于独立开创,现在是改变这种状况的时候了。

● 重大创新是“无人区”的生存法则,没有理论突破,没有技术突破,没有大量的技术累积,是不可能产生爆发性创新的。重大创新很难规划出来,固守成规是最容易的选择,但也会坐失大的机会。

● “无人区”的不确定性增多,创新领跑公司需要加大对不确定性研究和验证的投入,采用密集弹药,实行多路径、多梯级的饱和攻击。

● 改进开创性研发的管理方法,推动知识进步及应用。鼓励科学家、专家与企业的工程师们加强交流,多喝喝咖啡,吸收他人的灵感与能量,让思想的火花燃成熊熊大火。

● 领跑者不再享有后发优势,但先发优势尚存,仍有较多的时间和空间来试错纠错,通过“干中学”积累经验,寻找到更合适的新材料和更有效的新工艺,在动态发展中扩大先发优势。

中国最优秀的创新企业应摒弃单纯的、短期的利益计算,勇于追求新发现,树立引领科技革命的前沿意识和雄伟气魄。可以预计,一大批卓越的中国小型科技企业将在创新征战中脱颖而出,演绎民族复兴大剧的传奇一幕,奉献出令人震撼的世界级产品。

主要参考文献

1. 玛格丽特・A. 怀特等著,吴晓波等译:《技术与创新管理》(第 2 版),机械工业出版社 2011 年版。

2. 梅丽莎・A. 希林著,谢伟等译:《技术创新的战略管理》(第 3 版),清华大学出版社 2011 年版。

3. 罗伯特・A. 伯格曼等著,陈劲等译:《技术与创新的战略管理》(第 3 版),机械工业出版社 2001 年版。

4. 肯尼思・B. 卡恩著,马新馨译:《PDMA 新产品开发手册》(第 3 版),电子工业出版社 2016 年版。

5. Larry Keeley, Helen Walters, Ryan Pikkel, Brian Quinn. *Ten Types of Innovation: The Discipline of Building Breakthroughs*. John Wiley & Sons, Inc. ,2013.